AF514321

de Hesselle

**Das deutsche Steuerrecht**

2. aktualisierte Auflage

MIX
Papier aus verantwortungsvollen Quellen
Paper from responsible sources
FSC® C105338
FSC
www.fsc.org

Vera de Hesselle

# Das deutsche Steuerrecht

Kompaktwissen für die Praxis

Verlag Personal, Recht, Management Ltd.

**Bibliographische Information der deutschen Nationalbibliothek**
Die Deutsche Nationalbibliothek verzeichnet diese Publikation in der Deutschen Nationalbibliographie; detaillierte bibliographische Daten sind im Internet über http://dnb.d-nb.de abrufbar.


Niederlassung Deutschland: Lindlaustr. 2a, 53842 Troisdorf


Umschlagskonzeption: Verlag Personal, Recht, Management Ltd.
Titelbild: © www.fotolia.de
Satz: Verlag Personal, Recht, Management Ltd.
Druck: Books on Demand GmbH, Norderstedt
Printed in Germany, Dezember 2011

ISBN 978-3-941388-11-6

# Vorwort

Das deutsche Steuerrecht ist einem häufigen Wandel unterworfen, entfalten doch viele politische Entscheidungen steuerrechtliche Wirkungen bzw. werden mit Steuerrechtsänderungen auch staatliche Lenkungsabsichten verbunden. Ferner gibt es eine Fülle von Geboten, Verboten, Soll- und Kannregelungen und Ausnahmetatbestände, die in der hier gebotenen Kürze übersichtlich dargestellt sind.

Insoweit werden hier vor allem die großen strukturellen Prinzipien dargestellt und es wird bewusst auf Einzelheiten verzichtet, die bei näherem Interesse der Leserin oder des Lesers in ausführlicher Fachliteratur und im Gesetz vertieft werden können. Ferner beschränkt sich die Darstellung auf die Steuerarten, die für Unternehmen bedeutsam sind, so die Einkommensteuer, Körperschaftsteuer, Gewerbesteuer und Umsatzsteuer.

Geeignet ist das Kompaktbuch als Einführung für junge Studierende und auch für interessierte juristische Laien, die sich in die Materie einarbeiten wollen. Es ist sehr zu empfehlen, eine Textausgabe der Steuergesetze und Steuerrichtlinien zur Lektüre des Kompaktbuches hinzuzunehmen, um die besprochenen Regelungen und Hinweise direkt nachzulesen.

Bewusst wurde mit Ausnahme der gesetzlichen Grundlagen auf Quellenangaben verzichtet, um das Buch einfacher lesbar zu halten.

Mein besonderer Dank gilt Prof. Dr. Gerd Willi Rothmann, Leiter des German Desk der Wirtschaftskanzlei Araújo e Policastro, São Paulo, der hilfreiche Anregungen zur Erstellung der 2. Auflage gab, Herrn Jörg Dolata, Senatorin für Finanzen der Freien Hansestadt Bremen, sowie Frau Paulina Budziak, die das Buch auf polnisch übersetzte.

Bremen, im November 2011

Vera de Hesselle

# Inhaltsverzeichnis

# Abkürzungsverzeichnis

| | |
|---|---|
| a.F. | alte Fassung |
| Abs. | Absatz |
| Abschn. | Abschnitt |
| abzgl. | abzüglich |
| AEAO | Anwendungserlass zur AO |
| AfA | Absetzung für Abnutzung |
| AG | Aktiengesellschaft |
| AK | Anschaffungskosten |
| AktG | Aktiengesetz |
| Alt. | Alternative |
| AO | Abgabenordnung |
| Art. | Artikel |
| AStG | Außensteuergesetz |
| AuslandsInvestG | Auslandsinvestitionsgesetz |
| BFH | Bundesfinanzhof |
| BGB | Bürgerliches Gesetzbuch |
| BMF | Bundesministerium der Finanzen |
| BStBl. | Bundessteuerblatt |
| Buchst. | Buchstabe |
| d.h. | das heißt |
| DBA | Doppelbesteuerungsabkommen |
| EG | Europäische Gemeinschaft |
| ELSTAM | Verfahren der elektronischen Lohnsteuerabzugsmerkmale |
| EStDV | Einkommensteuer-Durchführungsverordnung |
| EStG | Einkommensteuergesetz |
| EStR | Einkommensteuer-Richtlinien |
| etc. | et cetera |
| EuGH | Europäischer Gerichtshof |
| EUR | Euro |
| EW | Erinnerungswert |
| f., ff. | folgend, fortfolgend |
| FördG | Fördergesetz |
| GewStDV | Gewerbesteuer-Durchführungsverordnung |
| GewStG | Gewerbesteuergesetz |
| GewStR | Gewerbesteuerrichtlinien |
| GG | Grundgesetz |
| ggf. | gegebenenfalls |

| | |
|---|---|
| GmbH | Gesellschaft mit beschränkter Haftung |
| GmbHG | GmbH-Gesetz |
| GrEStG | Grunderwerbsteuergesetz |
| GrStG | Grundsteuergesetz |
| GWG | Geringwertige Wirtschaftsgüter |
| HGB | Handelsgesetzbuch |
| HR | Handelsregister |
| i.d.F.v. | in der Fassung von |
| i.d.R. | in der Regel |
| i.V.m. | in Verbindung mit |
| KAG NW | Kommunalabgabengesetz Nordrhein-Westfalen |
| KGaA | Kommanditgesellschaft auf Aktien |
| Kj. | Kalenderjahr |
| KStG | Körperschaftsteuergesetz |
| L+F | Land- und Forstwirtschaft |
| LPartG | Lebenspartnerschaftsgesetz |
| mind. | mindestens |
| Mio. | Million |
| Nr. | Nummer |
| o.ä. | oder ähnliches |
| o.g. | oben genannte |
| RW | Restwert |
| S. | Satz |
| s.o. | siehe oben |
| SE | Societas Europeae |
| sog. | sogenannte |
| Std. | Stunde |
| Stpfl. | Steuerpflichtige/r |
| u.a. | und andere/unter anderem |
| USt | Umsatzsteuer |
| UStDV | Umsatzsteuerdurchführungsverordnung |
| UStG | Umsatzsteuergesetz |
| UStR | Umsatzsteuerrichtlinien |
| usw. | und so weiter |
| VZ | Veranlagungszeitraum |
| WRV | Verfassung des Deutschen Reichs v. 1919 (Weimarer Reichsverfassung) |
| zzgl. | zuzüglich |

# 1 Grundlagen des Steuerrechts

Das deutsche Steuersystem ist gekennzeichnet durch eine Vielzahl von unterschiedlich strukturierten Steuerarten. Die Steuern fließen je nach gesetzlich bestimmter Ertragskompetenz entweder dem Bund, den Ländern oder den Gemeinden zu. Gemeinschaftssteuern zeichnen sich dadurch aus, dass sie Bund und Ländern gemeinsam zugute kommen.

Das Steuerrecht hat den Charakter eines öffentlichen Eingriffsrechts, das Teil des besonderen Verwaltungsrechts ist. Es wird einerseits vom deutschen Verfassungsrecht, andererseits durch europäische und internationale Vorgaben geprägt. Im Gegensatz zum Privatrecht, das durch eine Gleichordnung der Interessen und Parteien gekennzeichnet ist, ist das öffentliche Recht durch ein Über- und Unterordnungsverhältnis geprägt.

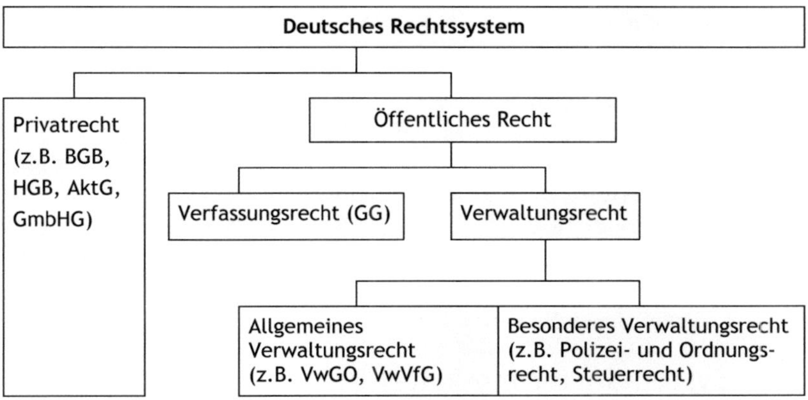


Das Steuerrecht kann weiter untergliedert werden in das allgemeine Steuerrecht (allgemeine Steuer- und Verfahrensregelungen), sowie solche Normen, die für verschiedene Steuerarten gelten. Daneben gibt es viele Gesetze des besonderen Steuerrechts, in denen die materiellen Regelungen der jeweiligen Steuergebiete normiert sind.

Durch die inter- und supranationale Offenheit des Grundgesetzes (vgl. insoweit Art. 23 bis 25 GG) ist das nationale Steuerrecht mit dem Völkerrecht und dem Europarecht verzahnt. Ein Rangverhältnis der verschiedenen Rechtsnormen wird vom Grundgesetz nicht ausdrücklich festgelegt.

Grenzüberschreitende Sachverhalte können zur Doppelbesteuerung führen, da in der Regel sowohl der Quellenstaat (der Staat, in der die Einkunftsquelle belegen ist) als auch der Wohnsitzstaat (der Staat, in dem der Steuerpflichtige seinen Wohnsitz hat) die Besteuerungsrechte haben. Regelungen hierzu finden sich in den Gesetzen des Internationalen Steuerrechts, also im allgemeinen Außensteuerrecht, im besonderen Außensteuerrecht (wie z.B. das AuslandsInvestG), in Doppelbesteuerungsabkommen, im supranationalen Steuerrecht (z.B. Steuerharmonisierungen im Rahmen der EG durch primäres Gemeinschaftsrecht oder in sekundärem Gemeinschaftsrecht wie Verordnungen, Richtlinien, Entscheidungen etc.). Das EG-Recht gewinnt zunehmend an Bedeutung für die Mitgliedstaaten. Es ist dem nationalen Recht vorrangig – auch dem Verfassungsrecht.

Weitere Rechtsquellen des Steuerrechts sind die Durchführungsverordnungen, z.B. die Einkommensteuerdurchführungsverordnung. Verwaltungsanweisungen (Steuer-Richtlinien) sind keine Rechtsquellen, sie binden nur die Verwaltung. Die Rechtsprechung zählt zwar nicht zu den Rechtsquellen, sie (insbesondere die höchstrichterliche Steuerrechtsprechung von BFH und BVerfG) hat aber einen sehr großen Einfluss auf die Gesetzgebung und die Verwaltungsentscheidungen auch über den konkret entschiedenen Einzelfall hinaus.

## 1.1 Systematisierungskriterien

Die deutschen Steuerarten können nach verschiedenen Kriterien systematisiert werden. Dabei schließen sich die Systematisierungskriterien nicht gegenseitig aus, sondern sie fokussieren jeweils nur eine Besonderheit. Daraus folgt auch, dass eine Steuerart unter mehrere Kriterien subsumiert werden kann.

Zum Beispiel wird danach unterschieden, ob die Person, die die Steuer wirtschaftlich trägt (Steuerträger) auch die Person ist, die sie schuldet (Steuerschuldner). Ist Steuerträger und Steuerschuldner identisch, so handelt es sich um eine direkte Steuer. Der Gegensatz dazu ist die indirekte Steuer, wenn mithin Steuerschuldner und Steuerträger unterschiedliche Personen sind.

| **Direkte Steuer** | **Indirekte Steuer** |
|---|---|
| ↓ | ↓ |
| Steuerschuldner ist derjenige, der die Steuer wirtschaftlich trägt | Steuerschuldner ist nicht derjenige, der die Steuer wirtschaftlich trägt |
| ↓ | ↓ |
| z.B. Einkommensteuer, Körperschaftsteuer, Gewerbesteuer | z.B. Umsatzsteuer, Verbrauchsteuern |

Ferner kann zwischen sog. Personalsteuern und Realsteuern unterschieden werden.

Personalsteuern (auch Personensteuern genannt) besteuern natürliche oder juristische Personen und berücksichtigen i.d.R. individuelle Verhältnisse bei dem Steuersubjekt. Steuersubjekt ist das Rechtssubjekt, dem ein Steuerobjekt (Steuergegenstand) und die damit verbundene Steuerschuld zugerechnet werden.

Realsteuern (auch Objektsteuern genannt) besteuern ein Objekt mit seinen Eigenschaften.

| **Personalsteuer** | **Realsteuer** |
|---|---|
| ↓ | ↓ |
| Steuersubjekte sind natürliche oder juristische Personen. Persönliche Verhältnisse werden bei der Besteuerung berücksichtigt (Personensteuern). | Realsteuern knüpfen losgelöst von persönlichen Verhältnissen des Steuersubjekts an ein Steuerobjekt an (Objektsteuern). |
| ↓ | ↓ |
| z.B. Einkommensteuer, Körperschaftsteuer, Gewerbesteuer | z.B. Grundsteuer, Hundesteuer, Gewerbesteuer |

Die Ertragsteuern knüpfen an solche Erträge an, die durch Tätigkeiten am Markt erzielt werden, Substanzsteuern richten sich auf die Besteuerung von Vermögen.

| **Ertragsteuer** | **Substanzsteuer** |
|---|---|
| ↓ | ↓ |
| Steuerobjekt sind die am Markt erwirtschafteten Erträge | Steuerobjekt ist das vorhandene Vermögen |
| ↓ | ↓ |
| z.B. Einkommensteuer, Körperschaftsteuer, Gewerbesteuer, Solidaritätszuschlag | z.B. Grundsteuer, Erbschaft- und Schenkungssteuer |

Verbrauchsteuern setzen an die Verwendung des Einkommens für bestimmte Konsumgüter an. Sie können auf Bundesebene und auch auf Kommunalebene erhoben werden. Die Umsatzsteuer ist eine allgemeine Verbrauchsteuer.

Zu den bundeseinheitlich geregelten speziellen Verbrauchsteuern gehören z.B. die Alkoholsteuern (Bier-, Branntwein-, Sektsteuer), die Tabak-, die Kaffee-, die Mineralöl- oder auch die Stromsteuer. Kommunale Verbrauchsteuern sind z.B. die Zweitwohnungs-, die Jagd- und Fischereisteuer oder auch die Vergnügungssteuer. Sie werden i.d.R. durch gemeindliche Satzungen erlassen.

Spezielle Verkehrsteuern sind z.B. die Rechtsverkehrsteuern, die an Vorgänge des Rechtsverkehrs anknüpfen, wie z.B. die Grunderwerbsteuer oder die Versicherungsteuer oder auch die Realverkehrsteuern, die an Akte des technischen Verkehrs anknüpfen, so die Kraftfahrzeugsteuer.

| **Verbrauchsteuer** | **Verkehrsteuer** |
|---|---|
| ↓ | ↓ |
| Steuerobjekt ist der Verbrauch von Gütern aller Art | Steuerobjekt ist ein Akt des Rechtsverkehrs oder des technischen Verkehrs |
| ↓ | ↓ |
| z.B. Umsatzsteuer, Alkoholsteuern, Zweitwohnungssteuer | z.B. Grunderwerbsteuer, Kraftfahrzeugsteuer |

## 1.2 Steuerbegriff

Im Grundgesetz wird der Steuerbegriff vorausgesetzt und nicht weiter definiert. Er ergibt sich aus § 3 Abs. 1 AO.

Danach sind Steuern Geldleistungen, die nicht eine Gegenleistung für eine besondere Leistung darstellen und von einem öffentlich-rechtlichen Gemeinwesen zur Erzielung von Einnahmen auferlegt werden; die Erzielung von Einnahmen kann Nebenzweck sein.

Steuerrecht ist Teil des Abgabenrechts. Die Definition der Abgabe ist gesetzlich nicht geregelt, sie wird in der Praxis als einseitig auferlegte, öffentlich-rechtliche Geldleistungspflicht gesehen, die zumindest auch der Einnahmeerzielung dient und einem Träger hoheitlicher Gewalt zufließt.

Steuern finanzieren allgemeine Staatsaufgaben und fließen in den allgemeinen Haushalt. Gleichzeitig kann der Steuergesetzgeber ihre sozialgestaltende Wirkung zu Lenkungszwecken einsetzen. Zweckbindungen des

Steueraufkommens sind zulässig, kommen jedoch selten vor. Davon zu unterscheiden ist die geäußerte Motivation des Steuergesetzgebers (z.B. eine ökologische Motivation), die zu einer Zweckbindung der Steuer nicht ausreicht.

Als öffentlich rechtliches Gemeinwesen kommen der Bund, die Länder und die kommunalen Gebietskörperschaften in Betracht. Die Kirchen sind nach Art. 140 i.V.m. Art. 137 Abs. 6 WRV für Kirchensteuern erhebungs- und ertragsberechtigt.

Abzugrenzen sind Steuern von anderen Abgaben wie Gebühren und Beiträge. Bei einer Entscheidung für oder gegen die Wahl eines unternehmerischen Standorts sind jeweils alle öffentlichen Abgaben zu betrachten, nicht allein steuerliche Abgaben.

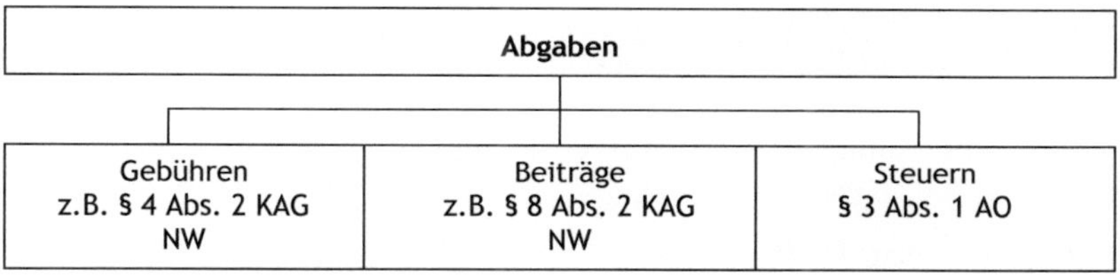


Gebühren sind nach den Begriffsbestimmungen der Kommunalabgabengesetze der Länder (z.B. § 4 Abs. 2 KAG NW) Geldleistungen, die als Gegenleistung für eine besondere Leistung – Amtshandlung oder sonstige Tätigkeit – der Verwaltung (Verwaltungsgebühren) oder für die Inanspruchnahme öffentlicher Einrichtungen und Anlagen (Benutzungsgebühren) erhoben werden. Insoweit ist die Gebühr das Entgelt für eine besondere tatsächliche individuelle Leistung der Verwaltung. Die Höhe der Gebühr hat sich an dem Kostendeckungsprinzip der Individualleistung zu orientieren. Gebühren werden z.B. bei der Ausstellung eines Reisepasses, bei der Nutzung von öffentlichen Schwimmbädern, bei der gemeindlichen Abfallentsorgung etc. erhoben.

Beiträge sind nach den Begriffsbestimmungen der Kommunalabgabengesetze der Länder (z.B. § 8 Abs. 2 KAG NW) Leistungen, die dem Einsatz des Aufwandes für die Herstellung, Anschaffung und Erweiterung öffentlicher Einrichtungen und Anlagen [...] dienen. Insoweit ist der Beitrag ein Entgelt für die Möglichkeit, aus den öffentlichen Aufwendungen einen Nutzen zu ziehen. Die Kostendeckung erfolgt über die Gesamtheit der Beitragzahlenden.

Die sog. Studiengebühren sind rechtlich gesehen keine Gebühren, sondern Beiträge, da für die beitragszahlenden Studierenden lediglich die Möglichkeit der Inanspruchnahme des Hochschulangebotes besteht. Beiträge sind auch z.B. Kammerbeiträge, Sozialversicherungsbeiträge etc.

## 1.3 Steuergesetzgebungskompetenzen

Zum Erlass von Steuergesetzen bedarf es einer gesetzlichen Ermächtigungsgrundlage, mithin der Gesetzgebungskompetenz. Die Verteilung der Steuergesetzgebungskompetenzen zwischen Bund und Ländern ergibt sich aus Art. 105 GG. Art. 106 f. GG regelt die Ertragskompetenz und Art. 108 GG enthält weitere Regelungen.

Danach hat der Bund nach Art. 105 Abs. 1 GG die ausschließliche Gesetzgebungskompetenz für Zölle und Finanzmonopole. Zölle sind Abgaben im grenzüberschreitenden Warenverkehr, die an die Einfuhr (Einfuhrzoll) oder an die Ausfuhr (Ausfuhrzoll) anknüpfen. Das Zollrecht ist fast ausschließlich EG-Recht. Finanzmonopole sind öffentliche Monopole in der Herstellung und im Vertrieb von Waren zur Erzielung von Einnahmen; derzeit gibt es nur noch ein einziges Monopol, nämlich das Branntweinmonopol.

Ferner steht dem Bund nach Art. 105 Abs. 2 GG die konkurrierende Gesetzgebungskompetenz zu, wenn ihm das Aufkommen der Steuern ganz oder zum Teil zusteht oder die allgemeinen Voraussetzungen für die konkurrierende Gesetzgebung vorliegen (Art. 72 Abs. 2 GG), d.h. insbesondere dann, wenn und soweit die Herstellung gleichwertiger Lebensverhältnisse im Bundesgebiet oder die Wahrung der Rechts- oder Wirtschaftseinheit im gesamtstaatlichen Interesse eine bundesgesetzliche Regelung erforderlich machen. Sofern der Bund von seiner konkurrierenden Gesetzgebungskompetenz keinen Gebrauch gemacht hat, können die Länder hiervon abweichende Regelungen treffen. Die Gesetzgebungskompetenzen für die örtlichen Verbrauch- und Aufwandsteuern sowie die Bestimmung des Steuersatzes für die Grunderwerbersteuer obliegen allein den Ländern (Art. 105 Abs. 2a GG).

**Gesetzgebungskompetenz des Bundes**

| ausschließlich | konkurrierend |
|---|---|
| ▪ Zölle<br>▪ Finanzmonopole | ▪ wenn ihm die Steuer ganz oder zum Teil zusteht<br>▪ zur Herstellung gleichwertiger Lebensverhältnisse im Bundesgebiet<br>▪ zur Wahrung der Rechts- und Wirtschaftseinheit im gesamtstaatlichen Interesse |

**Gesetzgebungskompetenz der Länder**

| | |
|---|---|
| wenn und soweit der Bund von seiner konkurrierenden Gesetzgebungskompetenz keinen Gebrauch macht | ▪ Steuersatz bei der Grunderwerbssteuer,<br>▪ Örtliche Verbrauch- und Aufwandsteuern |

Bundesgesetze, deren Aufkommen den Ländern oder Gemeinden ganz oder teilweise zufließen, bedürfen der Zustimmung des Bundesrates (Art. 105 Abs. 3 GG).

Gemeinden und Gemeindeverbänden ist das Recht der kommunalen Selbstverwaltung eingeräumt. Eine eigene Steuergesetzgebungshoheit kommt ihnen nicht zu. Die Länder haben aber in manchen Bereichen ihre Gesetzgebungshoheit nach Art. 105 Abs. 2a GG in den Kommunalabgabengesetzen auf die Gemeinden und Gemeindeverbände übertragen. Die gemeindlichen Steuern, die i.d.R. per Satzung erlassen werden, dürfen bundesgesetzlich geregelten Steuern nicht gleichartig sein.

Das Steueraufkommen, d.h. die Erträge aus Steuern, werden in Art. 106, 107 GG zwischen Bund und Ländern aufgeteilt. Neben reinen Bundessteuern wie z.B. die Versicherungssteuer oder der Solidaritätszuschlag und reinen Landessteuern wie die Erbschaftsteuer, Kraftfahrzeugsteuer oder Biersteuer fließen die großen ertragreichen Steuerarten wie die Einkommensteuer, die Körperschaftsteuer und auch die Umsatzsteuer Bund und Ländern gemeinsam zu (Gemeinschaftssteuern).

## 1.4 Prinzipien der Besteuerung

Unter Prinzipien der Besteuerung werden zunächst die allgemeinen Grundsätze der Besteuerung dargestellt und sodann wird überblicksartig auf die einzelnen Formen der Besteuerung von Einkommen, Vermögen und Konsum eingegangen.

### 1.4.1 Grundsätze

Steuern dienen dem Staat als Hauptfinanzierungsquelle, bei den Leistenden bewirkt die Steuerzahlung jedoch unterschiedliche Verhaltensweisen, wie z.B. ein Vermeidungsverhalten oder eine verstärkte Inanspruchnahme. Insoweit kann mit der Besteuerung neben der Ertragsbeschaffung auch ein Lenkungszweck verbunden sein.

Systemtragend sind Prinzipien, die das Steuerrecht insgesamt tragen und formale und materielle Rechtsstaatlichkeit bewirken. Dazu zählen der Gleichheitssatz, das Legalitätsprinzip, das Übermaßverbot sowie das Sozialstaatsprinzip.

Der Gleichheitssatz des Art. 3 Abs. 1 GG wird steuerspezifisch konkretisiert durch das Prinzip der Besteuerung nach der wirtschaftlichen Leistungsfähigkeit. Danach fordert die allgemeine Steuergerechtigkeit, dass die Steuerlasten auf die Steuerpflichtigen im Verhältnis ihrer wirtschaftlichen Leistungsfähigkeit verteilt werden. Dies gilt vor allem im Einkommensteuerrecht, das auf die Leistungsfähigkeit des Einzelnen angelegt ist.

Das verfassungsrechtlich gebotene Prinzip der Besteuerung nach der wirtschaftlichen Leistungsfähigkeit ist an vielen Stellen der Einkommensbesteuerung erkennbar. Dazu zählt nicht nur die Steuerprogression, sondern auch der Grundfreibetrag oder auch die Berücksichtigung von Kindern im Steuerrecht.

Das Leistungsfähigkeitsprinzip ist ein systemtragender Vergleichsmaßstab für sog. Fiskalzwecknormen, d.h. solche Normen, die primär dazu dienen, den notwendigen Finanzbedarf der öffentlichen Haushalte zu decken. Dieses Leistungsfähigkeitsprinzip wird bei sog. Sozialzwecknormen teilweise durchbrochen. Sozialzwecknormen sind solche Normen, die neben der Finanzbeschaffung wirtschaftspolitisch, kulturpolitisch oder sozialpolitisch – also nicht fiskalisch – motiviert sind, so z.B. Lenkungs- oder Umverteilungsnormen.

Im Vielsteuersystem wird das Leistungsfähigkeitsprinzip durch die Steuererhebung auf die drei Leistungsindikatoren Einkommen, Vermögen und Konsum konkretisiert.

| **Einkommen** | | **Vermögen** | | **Konsum** |
|---|---|---|---|---|
| z.B.<br>EStG, KStG | → | z.B.<br>GrStG | → | z.B.<br>UStG, GrEStG |

Das Legalitätsprinzip bedeutet die Gesetzmäßigkeit der Besteuerung. Die Auferlegung von Steuerlasten ist nur zulässig, wenn es durch Gesetz angeordnet ist (Vorbehalt des Gesetzes). Rechtsverordnungen und Verwaltungsakte dürfen nicht gegen das Gesetz verstoßen (Vorrang des Gesetzes).

Das Übermaßgebot ist verfassungsrechtlich im Rechtsstaatsprinzip begründet und enthält den Grundsatz der Verhältnismäßigkeit. Es gilt für jede staatliche Maßnahme der Legislative, Exekutive und Judikative. Der Eingriff in die freiheitliche Sphäre des Bürgers ist auf Maßnahmen beschränkt, bei dem das gewählte Mittel in einem vernünftigen Verhältnis zum angestrebten Zweck steht. Diese Zweck-Mittel-Relation wird durch die Kriterien der Geeignetheit, Erforderlichkeit und Zumutbarkeit konkretisiert.

Die sozial gerechte Besteuerung ist Ausfluss des Sozialstaatsprinzips und ist auf einen Ausgleich sozialer Ungleichheiten gerichtet. Es gewährt zur Sicherung der Menschenwürde soziale Mindeststandards wie z.B. den Anspruch auf Sozialhilfe. Analog dazu gebietet das Sozialstaatsprinzip die Steuerfreiheit des Existenzminimums in Höhe der Sozialhilfe. Ferner gibt es Steuernormen, die auf den Ausgleich zugunsten wirtschaftlich schwächerer Bevölkerungsteile gerichtet sind (Umverteilungsnormen).

### 1.4.2 Ertragsteuern

Unter Ertragsteuern werden die Steuerarten verstanden, die an den Ertrag anknüpfen. Dazu zählen z.B. die Einkommensteuer, die Kirchensteuer und der Solidaritätszuschlag, die Körperschaftsteuer oder auch die Gewerbesteuer.

Die Einkommensteuer ist eine Personensteuer. Sie hat die Besteuerung des Einkommens einer natürlichen Person zum Gegenstand und ist eine direkte Steuer. Weiterhin wird sie periodisch als Veranlagungssteuer erhoben, da sie nach Ablauf eines Kalender- oder Wirtschaftsjahres vom Steuerpflichtigen erklärt und vom Finanzamt veranlagt wird. Der Einkommensbegriff ist auf das realisierte (nicht das realisierbare) Einkommen zugeschnitten.

Die Körperschaftsteuer knüpft ebenfalls an das Erwerbseinkommen an und richtet sich auf den erwirtschafteten und realisierten Vermögenszuwachs bei juristischen Personen, insbesondere die Kapitalgesellschaften. Die Grundidee basiert auf der Vorstellung, dass sich die Gewinne juristischer Personen vom Einkommen der Gesellschafter unterscheiden, z.B. bei nicht ausgeschütteten (thesaurierten) Gewinnen. Der Solidaritätszuschlag ist eine Annexsteuer zur Einkommensteuer und wurde nach der Wiedervereinigung der beiden deutschen Staaten im Jahre 1991 eingeführt.

### 1.4.3 Verbrauch- und Verkehrsteuern

Verbrauch- und spezielle Verkehrsteuern knüpfen an die Verwendung von Einkommen und Vermögen an. Sie werden unterteilt in die allgemeine Verbrauchsteuer (Umsatzsteuer), den speziellen Verbrauch- und Aufwandsteuern (z.B. Mineralöl- oder Kraftfahrzeugsteuer) und den speziellen Verkehrsteuern (z.B. Grunderwerbsteuer). Die Umsatzsteuer ist in der EU weitgehend harmonisiert.

Verbrauchsteuern belasten den Verbrauch von Waren. Ganz deutlich ist dieser Grundsatz bei der Umsatzsteuer zu erkennen. Manche Waren, wie z.B. der Erwerb von Mineralöl oder das Halten eines Kraftfahrzeugs werden (auch) aus umweltpolitischen Gründen mit Verbrauchsteuern belastet. Das Leistungsfähigkeitsprinzip spiegelt sich hier insoweit, als der Leistungsfähige über seinen erhöhten Verbrauch auch höhere Steuerbeiträge zahlt. Der weniger Leistungsfähige, der in der Regel weniger verbraucht, trägt daher auch weniger zum Verbrauchsteueraufkommen bei. Mithin ist der Verbrauch ein Indikator der Leistungsfähigkeit.

Die Grunderwerbsteuer und Versicherungssteuer sind besondere Formen der Umsatzsteuer, sie sind aber nicht damit gleichzusetzen. Durch die Erhebung der Umsatzsteuer wird das Einkommen doppelt belastet, nämlich einmal bei der Erzielung durch die Einkommensteuer und sodann bei der Verwendung durch die Umsatzsteuer. Dem Leistungsfähigkeitsprinzip wird hier insoweit Rechnung getragen, dass derjenige, der weniger leistungsfähig ist, weniger konsumiert und daher auch weniger mit Umsatzsteuer belastet ist. Es handelt sich um eine indirekte Steuer, da die Umsatzsteuer wirtschaftlich zwar den Verbraucher trifft, er aber nicht direkt besteuert wird. Der Unternehmer führt die Umsatzsteuer ab, er selbst ist aufgrund des Vorsteuerabzugs für unternehmerische Umsätze nicht wirtschaftlicher Träger der Umsatzsteuer. Spezielle Verkehrsteuern knüpfen an Vorgänge des Rechtsverkehrs an, aufgrund dessen Personen Rechtsansprüche haben. Zu nennen sind hier die Versicherungssteuer, Feuerschutzsteuer, Rennwett- und Lotteriesteuer oder auch Grunderwerbsteuer.

### 1.4.4 Realsteuern

Realsteuern – auch Objektsteuern genannt – sind solche Steuern, deren Anknüpfungspunkt nicht die Unternehmensinhaber, sondern Objekte sind. Dazu zählen die Grundsteuer und die Gewerbesteuer (vgl. § 3 Abs. 2 AO). Anknüpfungspunkt der Gewerbesteuer ist der Betrieb als solcher und nicht der Unternehmensinhaber, bei der Grundsteuer ist der Steuergegenstand der Grundbesitz. Es kommt bei Realsteuern nicht auf die persönlichen Verhältnisse des Unternehmensinhabers oder Grundstückeigentümers an. Die Grundsteuer ist mit dem Vermögensbestand verbunden; sie ist eine sog. Sollertragsteuer, d.h. sie knüpft an die Ertragsfähigkeit des ruhenden Vermögens an. Der Gewerbesteuer liegt das Äquivalenzprinzip zugrunde, d.h., dass gewerbliche Betriebe zu den Lasten beitragen sollen, die den Gemeinden z. B. durch die Bereitstellung der notwendigen Infrastruktur entstehen.

# 2 Einkommensteuer

## 2.1 Einführung

Die heutige Einkommensteuer geht auf die von William Pitt geforderte Kriegssteuer (1799) zurück; auf deutschem Boden wurde sie 1806 von Karl Freiherr vom Stein ebenfalls als Kriegssteuer in der Form der progressiven Steuer auf das Gesamteinkommen und mit Selbstdeklaration eingeführt. Die Einkommensteuer (inkl. Lohnsteuer und Kapitalertragsteuer beträgt im Jahre 2008 ca. 191 Mrd. EUR) und die Umsatzsteuer (im Jahre 2008 ca. 176 Mrd. EUR) sind die Haupteinnahmequellen des Staates (vgl. insoweit auch die jährlichen Steuerschätzungen, die vom Bundesfinanzministerium veröffentlicht werden).

Rechtsgrundlagen sind das Einkommensteuergesetz und die Einkommensteuer-Durchführungsverodnung (EStDV). Ferner sind die Einkommensteuerrichtlinien (EStR) Hilfestellungen für die Finanzverwaltung bei Zweifels- und Auslegungsfragen, insbesondere um eine einheitliche Rechtsanwendung der Verwaltungen sicherzustellen. Es handelt sich bei den Richtlinien um Verwaltungsvorschriften, die von den obersten Finanzbehörden des Bundes und der Länder unter Berücksichtigung der höchstrichterlichen Rechtsprechung und der Schreiben des Bundesfinanzministeriums (BMF-Schreiben) erlassen werden. Sie binden nur die Finanzbehörden, nicht aber die Steuerpflichtigen oder Gerichte.

Die Einkommensteuer zählt zu den Ertragsteuern, sie ist eine Personensteuer, das bedeutet, sie besteuert das Einkommen einer natürlichen Person. Da sie beim Steuerpflichtigen direkt erhoben wird, handelt es sich um eine direkte Steuer. Persönliche Verhältnisse des Steuerpflichtigen wie z.B. Familienstand oder Kosten durch Kindererziehung werden berücksichtigt.

Besondere Erhebungsformen der Einkommensteuer sind die Lohnsteuer (§§ 38 ff. EStG), die Kapitalertragsteuer (§§ 43 ff. EStG), der Steuerabzug bei Bauleistungen (§§ 48 ff. EStG) sowie der Steuerabzug bei beschränkt Steuerpflichtigen (§ 50a EStG). Während die Lohnsteuer eine Abzugssteuer ist, d.h. als Quellenabzug vom Arbeitslohn erhoben wird, ist die Einkommensteuer eine Veranlagungssteuer, d.h. sie wird durch schriftlichen Bescheid auf Antrag des Steuerpflichtigen festgesetzt. Zur Sicherung der zukünftigen Steueransprüche hat der Einkommensteuerpflichtige Vorauszahlungen zu leisten, die sich nach den Verhältnissen der Vergangenheit bemessen.

Die Einkommensteuer unterliegt der konkurrierenden Gesetzgebung. Ihr Aufkommen steht Bund und Ländern jeweils hälftig zu (Gemeinschaftssteuer, vgl. Art. 106 Abs. 3 GG). Vom Aufkommen der veranlagten Einkommen- und Lohnsteuer stehen Bund- und Ländern jeweils 42,5%, den Gemeinden 15% zu.

Der Einkommensteuertarif ist progressiv ausgestaltet. Über dem steuerfreien Existenzminimum (sog. Grundfreibetrag) beginnt der Eingangssteuersatz von 14%, der dann progressiv bis zum Spitzensteuersatz von 45% ansteigt. Ein Stufentarif ist geplant.

Steuersubjekt und Schuldnerin der Einkommensteuer ist nach § 1 EStG die natürliche Person. Unterschieden wird zwischen der persönlichen Steuerpflicht, d.h. dem Steuersubjekt, und der sachlichen Steuerpflicht, d.h. dem Umfang der Besteuerung.

## 2.2 Persönliche Steuerpflicht

| | | |
|---|---|---|
| Persönliche Steuerpflicht (§ 1 EStG) | → | Wer wird besteuert? |
| Sachliche Steuerpflicht (§ 2 EStG) | → | Was wird besteuert? |

Die persönliche Steuerpflicht betrifft die Frage nach dem Steuersubjekt, d.h. welcher Personenkreis unter das Einkommensteuergesetz fällt.

Steuersubjekt der Einkommensteuer ist die natürliche Person, d.h. der Mensch von der Geburt bis zum Tod (vgl. § 1 BGB). Juristische Personen sind dagegen nicht Steuersubjekt der Einkommensteuer, sondern der Körperschaftsteuer. Personengesellschaften wie OHG, KG, GbR oder auch die Erbengemeinschaft unterliegen nicht der Einkommensteuer, vielmehr werden die Einkünfte (Gewinne oder Verluste) von Personengesellschaften einheitlich und gesondert festgestellt und den Gesellschaftern in Höhe ihres Anteils bei der Einkommensbesteuerung zugerechnet.

Bei der persönlichen Steuerpflicht wird zwischen der unbeschränkten und beschränkten Steuerpflicht unterschieden.

> Unbeschränkt einkommensteuerpflichtig
> (vgl. § 1 Abs. 1 EStG) sind:
> - natürliche Personen
> - mit Wohnsitz oder gewöhnlichem Aufenthalt
> - im Inland
>
> Rechtsfolge: Besteuerung des Welteinkommens
>
> Beschränkt einkommensteuerpflichtig
> (vgl. § 1 Abs. 4 EStG) sind:
> - natürliche Personen,
> - die weder Wohnsitz noch gewöhnlichen Aufenthalt
> - im Inland haben aber
> - inländische Einkünfte nach § 49 EStG erzielen.
>
> Rechtsfolge: Besteuerung der inländischen Einkünfte

Die Einordnung der beschränkten oder unbeschränkten Steuerpflicht hängt maßgeblich von der Frage des Wohnsitzes oder gewöhnlichen Aufenthalts ab. Die Staatsanghörigkeit der Person ist unbeachtlich.

Einen Wohnsitz (§ 8 AO) hat jemand dort, wo er eine Wohnung unter Umständen innehat, die darauf schließen lassen, dass er die Wohnung beibehalten und benutzen will. Gemeint ist der räumliche Schwerpunkt der Lebensinteressen der natürlichen Person. Eine Person kann auch mehrere Wohnsitze begründen.

Den gewöhnlichen Aufenthalt (§ 9 AO) hat jemand dort, wo er sich unter Umständen aufhält, die erkennen lassen, dass er an diesem Ort oder in diesem Gebiet nicht nur vorübergehend verweilt. Als gewöhnlicher Aufenthalt ist stets ein zeitlich zusammenhängender Aufenthalt von mehr als sechs Monaten anzusehen. Gemeint ist damit die tatsächliche körperliche Anwesenheit einer Person. Kinder, die sich nur während der Schulferien im Inland bei den Eltern aufhalten, begründen dort keinen gewöhnlichen Aufenthalt. Bei längerem zeitlich zusammenhängendem Aufenthalt insgesamt von mehr als sechs Monaten wird der gewöhnliche Aufenthalt fingiert (unwiderlegbar vermutet). Dabei sind mehrere kurzfristige Aufenthalte nicht zusammen zu rechnen; kurzfristige Unterbrechungen z.B. wegen Urlaubs, bleiben allerdings unberücksichtigt. Beispielsweise sind von dieser Regelung Schauspieler, Musiker oder Artisten betroffen, wenn sie sich länger im Inland aufhalten.

Rechtsfolge der unbeschränkten Steuerpflicht ist die Besteuerung des Welteinkommens der natürlichen Person, bei der beschränkten Steuerpflicht erfolgt die Besteuerung nur nach dem abschließenden Katalog der inländischen Einkünfte nach § 49 EStG.

Weitere Besonderheiten ergeben sich aus den Regelungen des § 1 Abs. 2 und 3 EStG.

- Der unbeschränkten Einkommensteuerpflicht unterliegen auch deutsche Staatsangehörige mit Wohnsitz oder gewöhnlichen Aufenthalt im Ausland, wenn sie zu einer inländischen juristischen Person des öffentlichen Rechts in einem Dienstverhältnis stehen und dafür Arbeitslohn aus einer inländischen öffentlichen Kasse beziehen (vgl. § 1 Abs. 2 EStG). Darunter fallen insbesondere Bedienstete mit diplomatischem Status, aber keine deutschen Beschäftigten von internationalen Organisationen.
- Auf Antrag können natürliche Personen als unbeschränkt steuerpflichtig behandelt werden, wenn sie weder im Inland einen Wohnsitz noch ihren gewöhnlichen Aufenthalt haben. Diese unbeschränkte Steuerpflicht beschränkt sich nur auf die inländischen Einkünfte i.S.d § 49 EStG, wenn die gesamten Einkünfte im Kalenderjahr mindestens zu 90 v.H. der deutschen Einkommensteuer unterliegen (fiktiv unbeschränkte Steuerpflicht vgl. § 1 Abs. 3 S. 1 und 2 EStG).

## 2.3 Sachliche Steuerpflicht

### 2.3.1 Einkünfte

Die sachliche Steuerpflicht (§ 2 EStG) regelt den Umfang der Besteuerung. Mit der Einkommensteuer soll der Steuerpflichtige nach Maßgabe seiner objektiven Leistungsfähigkeit besteuert werden. Ferner spielen wirtschaftspolitische und sozialpolitische Zwecke eine Rolle.

Nach dem sog. objektiven Nettoprinzip ist Ausdruck des steuerlichen Leistungsfähigkeitsprinzips nicht der erwirtschaftete Vermögenszugang, sondern nur das Ergebnis, d.h. der Unterschied zwischen Erwerbsbezügen und Erwerbsaufwendungen. Dies ist die Bemessungsgrundlage. Insoweit verbietet sich auch der Abzug von Aufwendungen, die Dritte getragen haben (sog. Drittaufwand). Dem objektiven Nettoprinzip stehen typisierende Regelungen der Aufwendungen (z.B. Werbungskostenpauschbetrag, Betriebsausgabenpauschalen, Freibeträge) nicht entgegen, soweit sie zur Verwaltungsvereinfachung oder Missbrauchsbekämpfung dienen.

Das sog. subjektive Nettoprinzip sichert die Steuerfreiheit des Existenzminimums, das sich im Grundfreibetrag spiegelt und annähernd am Sozialhilfeniveau liegt. Ferner gebietet der sog. Halbteilungsgrundsatz, dass die Gesamtbelastung des Steuerpflichtigen annähernd auf die Hälfte seines Vermögenszuwachses begrenzt sein soll.

Subjektiver Tatbestand aller sieben Einkunftsarten ist die Absicht, Einkünfte zu erzielen, möglicherweise auch erst später, wenn z.B. vorhersehbar ist, dass wegen Umbauten oder Umgestaltungen erst nach einem längeren Zeitraum Einkünfte erzielt werden können. Diese innere Tatsache lässt sich nur anhand äußerer Umstände feststellen. Einkünfteerzielungsabsicht verlangt im Rahmen einer Ergebnisprognose das Streben nach einer Vermögensmehrung als Totalgewinn in einer Totalperiode. Die Totalgewinnprognose umfasst bei neu eröffneten Betrieben die gesamte Lebensdauer des Unternehmens, wobei Anlaufverluste im üblichen Maße der Einkünfteerzielungsabsicht nicht entgegenstehen. Keine Einkünfteerzielungsabsicht liegt dann vor, wenn das Streben des Steuerpflichtigen lediglich auf eine Deckung der Selbstkosten oder aber auf Geltendmachung von steuerlichen Verlusten zielt. Fehlt die Einkünfteerzielungsabsicht, so liegt möglicherweise eine sog. Liebhaberei vor, die besondere Folgen auslöst (vgl. dazu unten Kap. 2.3.3).

Der Besteuerung unterliegen nach § 2 EStG

| Einkunftsart | |
|---|---|
| 1. Einkünfte aus Land- und Forstwirtschaft (§§ 13 bis 14a EStG)<br>2. Einkünfte aus Gewerbebetrieb (§§ 15 bis 17 EStG)<br>3. Einkünfte aus selbständiger Arbeit (§ 18 EStG) | **Gewinneinkünfte** |
| 4. Einkünfte aus nichtselbständiger Arbeit (§§ 19 bis 19a EStG)<br>5. Einkünfte aus Kapitalvermögen (§ 20 EStG)<br>6. Einkünfte aus Vermietung und Verpachtung (§ 21 EStG)<br>7. sonstige Einkünfte i.S.d. § 22 EStG (§§ 22 bis 23 EStG) | **Überschusseinkünfte** |

Bei der Ermittlung der Einkünfte zeichnet sich das System durch zwei Hauptgegensätze aus. Bei den Gewinneinkünften (§ 2 Abs. 1 Nr. 1 bis 3 EStG) können die Einkünfte unternehmensabhängig entweder durch Bilanzierung (Betriebsvermögensvergleich) oder die Einnahme-Überschussrechnung (sog. Kassenrechnung) ermittelt werden.

Überschusseinkünfte (§ 2 Abs. 1 Nr. 4 bis 7 EStG) werden durch den Überschuss der Einnahmen über die Werbungskosten (§§ 8 bis 9a EStG) ermittelt.

Verwechselungsgefahr besteht hinsichtlich der Terminologie. Die sog. Einnahme-Überschussrechnung dient neben dem Betriebsvermögensvergleich zur Gewinnermittlung bei Einkünften aus Land- und Forstwirtschaft, Gewerbebetrieb und selbständiger Arbeit (Gewinneinkünfte). Die Berechnungsmethode des Überschusses der Einnahmen über die Werbungskosten (auch Überschussrechnung genannt) ist bei der Ermittlung der Einkünfte aus nichtselbständiger Arbeit, Kapitalvermögen, Vermietung- und Verpachtung und sonstigen Einkünften (Überschusseinkünfte) anwendbar.

### 2.3.2 Einkommensbegriff

Die Berechnung des zu versteuernden Einkommens lässt sich vereinfacht wie folgt darstellen:

Die Summe der Einkünfte aus den sieben Einkunftsarten vermindert um den Altersentlastungsbetrag, den Entlastungsbetrag für Alleinerziehende und den Freibetrag für Landwirte ergibt den *„Gesamtbetrag der Einkünfte“*.

Der Gesamtbetrag der Einkünfte vermindert um Verlustabzug, Sonderausgaben und außergewöhnliche Belastungen ergibt das *„Einkommen“*, das nach Abzug der Kinderfreibeträge zum *„zu versteuernden Einkommen“* wird und das abhängig von der Anwendung der Grund- oder Splittingtabelle zur Festsetzung der tariflichen Einkommensteuer führt.

Schema zum Umfang der Besteuerung (vgl. R 2 EStR):

| | | |
|---|---|---|
| 1 | | **Summe der Einkünfte aus den Einkunftsarten (§ 2 Abs. 1 EStG)** |
| 2 | + | Hinzurechnungsbetrag (§ 52 Abs. 3 S. 3 EStG, § 8 Abs. 5 S. 2 AIG) |
| 3 | = | **Summe der Einkünfte (§ 2 Abs. 1 EStG)** |
| 4 | – | Altersentlastungsbetrag (§ 24a EStG) |
| 5 | – | Entlastungsbetrag für Alleinerziehende (§ 24b EStG) |
| 6 | – | Freibetrag für Land- und Forstwirte (§ 13 Abs. 3 EStG) |
| 7 | = | **Gesamtbetrag der Einkünfte (§ 2 Abs. 3 EStG)** |
| 8 | – | Verlustabzug nach § 10d EStG |
| 9 | – | Sonderausgaben (§§ 10,10a,10b,10c EStG) |
| 10 | – | außergewöhnliche Belastungen (§§ 33 bis 33c EStG) |
| 11 | – | Steuerbegünstigungen der zu Wohnzwecken genutzten Wohnungen, Gebäude und Baudenkmale sowie der schutzwürdigen Kulturgüter (§§ 10e bis 10i EStG, 52 Abs. 21 S. 6 EStG i.d.F.v. 16.04.1997, BGBl. I S. 821 und § 7 FördG) |
| 12 | + | zuzurechnendes Einkommen gem. § 15 Abs. 1 AStG |

| | | |
|---|---|---|
| 13 | = | **Einkommen (§ 2 Abs. 4 EStG)** |
| 14 | - | Freibeträge für Kinder (§§ 31, 32 Abs. 6 EStG) |
| 15 | - | Härteausgleich (§ 46 Abs. 3 EStG, § 70 EStDV) |
| 16 | = | **zu versteuerndes Einkommen (§ 2 Abs. 5 EStG)** |

Anmerkungen: Der Altersentlastungsbetrag wird für Steuerpflichtige ab Vollendung des 64. Lebensjahres gewährt. Ferner profitieren Alleinerziehende sowie Land- und Forstwirte von einem gesonderten Entlastungs- bzw. Freibetrag. Sonderausgaben betreffen z.B. Versicherungsleistungen, Kosten für die eigene Berufsausbildung oder auch Vorsorgeaufwendungen des Steuerpflichtigen. Außergewöhnliche Belastungen sind dann abzugsfähig, wenn einem Steuerpflichtigen zwangsläufig höhere Aufwendungen erwachsen als der überwiegenden Mehrzahl der Steuerpflichtigen wie z.B. bei der Notwendigkeit medizinischer Hilfsmittel, Kurbehandlungen, Aufwendungen für Pflegebedürftigkeit etc. Aufgrund der Verrechnung mit dem Kindergeld wirkt sich der Kinderfreibetrag nur bei höheren Einkommen aus.

### 2.3.3 Nicht steuerbare Zuflüsse

Manche Vermögenszuflüsse unterliegen nicht der Besteuerung durch die Einkommensteuer, sie sind also nicht steuerbar. Mithin haben sie keinerlei Einfluss auf die Einkommensbesteuerung.

Hierzu zählen einmalige Vermögensanfälle, wie z.B. Vermögenszuwachs durch Schenkung (steuerbar nach dem Erbschaft- und Schenkungsteuergesetz), Preise der öffentlichen Hand für wissenschaftliche und künstlerische Leistungen bzw. Ehrungen oder Spiel- und Wettgewinne. Die Nichtsteuerbarkeit setzt immer voraus, dass der Zufluss nicht im Rahmen einer betrieblichen oder beruflichen Tätigkeit erfolgt ist, andernfalls würde es sich um eine Einnahme handeln.

Gewinne und Verluste aus sog. Liebhaberei sind ebenfalls nicht steuerbar. Liebhaberei wird dann angenommen, wenn die Tätigkeit keine Gewinnerzielungsabsicht erkennen lässt, weil sie z.B. aus persönlichen Neigungen unternommen wird. Übermäßig hohe Anlaufverluste, die auch bei günstiger späterer Geschäftsentwicklung nicht ausgeglichen werden können, lassen auf das Fehlen einer Einkünfteerzielungsabsicht schließen. Der Steuerpflichtige muss bei längeren Verlustphasen, die eine übliche Anlaufphase überschreitenden, Umstrukturierungsmaßnahmen zur Verbesserung der Ertragslage vornehmen, um den Rückschluss auf persönliche Gründe für die Tätigkeit nicht zuzulassen und damit die steuerliche Anerkennung der Verluste nicht zu gefährden. Bei der Abgrenzung zwischen Liebhaberei und Gewerbebetrieb (wie z.B. Gaststätte, Handel aller Art) oder auch selbständiger Tätigkeit (wie z.B. Künstler, Reisejournalist, Schriftsteller, Erfinder, Steuerberater, Rechtsanwalt, Heilberufe) kann nur dann auf das Fehlen einer Gewinnerzielungsabsicht geschlossen werden, wenn die verlustbringende Tätigkeit typischerweise dazu bestimmt und geeignet ist, persönliche Neigungen oder Hobbys zu befriedigen. Bei Berufen wie z.B. Steuerberatung oder Rechtsanwaltstätigkeit lassen Verluste nicht allein auf das Fehlen der Gewinnerzielungsabsicht schließen, vielmehr bedarf es zusätzliche Anhaltspunkte, dass sie aus persönlichen Neigungen hingenommen werden. Bei der Vermietung von Ferienwohnungen kann Liebhaberei dann angenommen werden, wenn der Eigentümer die Wohnung auch selbst nutzt und ständig Werbungskostenüberschüsse erzielt. Nebenberufliche Tierzuchten, wie z.B. Pferde- oder Hundezucht werden wegen der damit verbundenen hohen Kosten häufig als Liebhaberei eingestuft. Wird eine Tätigkeit als sog. Liebhaberei behandelt, so sind daraus entstehende Verluste nicht abzugsfähig - daraus erzielte Gewinne sind nicht steuerpflichtig.

Die nicht steuerbaren Zuflüsse sind sowohl von den steuerbaren als auch von den steuerfreien Zuflüssen zu unterscheiden. Steuerbare aber steuerfreie Zuflüsse ergeben sich beispielsweise aus § 3 EStG. Die dort genannten Einnahmen unterliegen zwar grundsätzlich einer der Einkunftsarten des § 2 Abs. 1 Nr. 1 bis 7 EStG, sie sind jedoch aus verschiedenen Gründen – oft sozialpolitische oder wirtschaftliche Gründe – von der Besteuerung ausgenommen. Dies bedeutet jedoch nicht, dass sie keinerlei Auswirkungen auf die Besteuerung haben. Zu erwähnen sind hier die Regelungen zum Progressionsvorbehalt (§ 32b EStG), die bei dem Zusammentreffen von bestimmten steuerfreien und steuerpflichtigen Einkünften einen besonderen Steuersatz vorsehen (vgl. hierzu Kap. 2.6.1).

## 2.4 Familienleistungsausgleich

**Optionsmodell Familienleistungsausgleich nach § 31 EStG**

| **Kindergeld § 66 EStG**<br>(vorrangig auszuzahlen)<br>▪ 1 und 2. Kind: 184 EUR<br>▪ 3. Kind: 190 EUR<br>▪ ab 4. Kind: 215 EUR | **Freibeträge § 32 Abs. 6 EStG**<br>(bei der Veranlagung zu berücksichtigen)<br>▪ Kinderfreibetrag: 2.184 EUR/4.368 EUR<br>▪ Freibetrag für Betreuungs-, Erziehungs- oder Ausbildungsbedarf: 1.320 EUR/2.640 EUR<br>Insgesamt 3.504 EUR/7.008 EUR |
|---|---|

Günstigerprüfung durch die Finanzverwaltung bei der Veranlagung

Der Familienleistungsausgleich beinhaltet ein sich verzahnendes System von Steuererleichterungen für Eltern mit Kindern. Steuerlich geregelt ist die alternative Zahlung von Kindergeld als Steuervergütung und der Berücksichtigung der Freibeträge nach § 32 Abs. 6 EStG.

Als Grundnorm verklammert § 31 EStG die alternativ in Betracht kommenden Freibeträge nach § 32 Abs. 6 EStG mit den Kindergeldregelungen der §§ 62 bis 78 EStG. Es handelt sich daher um ein Alternativsystem mit vorrangig auszuzahlendem Kindergeld und bei der Veranlagung zu berücksichtigenden Freibeträgen und zwar für die Fälle, in denen das Kindergeld nicht ausreicht, um die steuerliche Freistellung des Existenzbedarfs des Kindes zu gewährleisten.

Das Kindergeld beträgt seit 1.1.2010 für das erste und zweite Kind je 184 EUR, für das dritte 190 EUR und für alle weiteren Kinder 215 EUR pro Monat (§ 66 Abs. 1 EStG). Der Kinderfreibetrag (sächliches Existenzminimum) beträgt 2.184 bzw. 4.368 EUR/Jahr. Der Freibetrag für Betreuungs-, Erziehungs- und Ausbildungsbedarf des Kindes beträgt 1.320 bzw. 2.640 EUR/Jahr, mithin zusammen 3.504 bzw. 7.008 EUR/Jahr. Es muss sich um minderjährige leibliche oder Adoptivkinder handeln bzw. um im Haushalt aufgenommene Pflegekinder. Bei volljährigen Kindern, die sich in der ersten Berufsausbildung bzw. im Erststudium befinden, erfolgt eine Berücksichtigung bis zum 25. Lebensjahr, bei einem Zweitstudium nur dann, wenn keine Erwerbstätigkeit von mehr als 20 Std./Woche ausgeübt wird. Bis VZ 2011 erfolgte eine Einkünfteüberprüfung, die aber ab VZ 2012 weggefallen ist.

| Jahr | | Kindergeld/Kinderfreibeträge für volljährige Kinder |
|---|---|---|
| bis 2011 | → | wenn keine eigenen Einkünfte von mehr als 8.004 EUR erzielt werden |
| ab 2012 | → | ▪ bei Erstausbildung einkünfteunabhängig<br>▪ bei weiterer Ausbildung nur dann, wenn keine (schädliche) Erwerbstätigkeit von mehr als 20 Std./Woche ausgeübt wird |

Behinderte Kinder, d.h. Kinder, die aufgrund einer vor dem 25. Lebensjahr eingetretenen körperlichen, geistigen oder seelischen Behinderung außerstande sind, ihren existenziellen Lebensunterhalt selbständig zu decken, können auch über das 25. Lebensjahr hinaus berücksichtigt werden.

Die Günstigerprüfung erfolgt von Amts wegen. Dies bedeutet, dass den Eltern entweder das gezahlte Kindergeld als Steuervergütung oder eine höhere Steuererleichterung durch den Abzug der Freibeträge verbleibt, Kindergeld und Kinderfreibetrag werden also nicht gleichzeitig gewährt.

## 2.5 Veranlagung und Tarif

### 2.5.1 Veranlagung

Der Veranlagungszeitraum der Einkommensteuer ist das Kalenderjahr.

Jeder nicht verheiratete, verwitwete oder geschiedene Steuerpflichtige wird einzeln zur Einkommensteuer veranlagt (Einzelveranlagung, § 25 EStG).

Durch das Steuervereinfachungsgesetz 2011 wurden die Veranlagungsarten für Eheleute ab VZ 2013 neu geregelt. Die Eheleute können dann nur noch zwischen der Zusammenveranlagung und der Einzelveranlagung wählen, die besondere Veranlagung für den Zeitraum der Eheschließung ist weggefallen.

| nicht verheiratet | verheiratet | |
|---|---|---|
| § 25 EStG<br><br>Einzelveranlagung | § 26 Abs. 3,<br>§ 26b EStG<br><br>Zusammenveranlagung | § 26a EStG<br><br>Einzelveranlagung von Ehegatten |

(Rechtslage ab VZ 2013)

Die Ehegattenveranlagung (§§ 26 bis 26b EStG) kommt nur in Betracht, wenn folgende Tatbestandsmerkmale kumulativ erfüllt sind:

1. Rechtsgültige Ehe an mindestens einem Tag im Veranlagungszeitraum, spätestens also am 31. Dezember.
2. Nicht dauernd getrennt lebend: Sobald die Eheleute dauernd getrennt leben, entfällt die Ehegattenveranlagung (vgl. R 26 EStR).
3. Unbeschränkte Steuerpflichtigkeit beider Ehegatten, d.h. Wohnsitz oder gewöhnlichen Aufenthalt im Inland.

Alle Voraussetzungen müssen entweder zu Beginn des Veranlagungszeitraums vorliegen oder in dessen Verlauf eintreten (§ 26 Abs. 1 S. 1 Nr. 3 EStG). Eingetragene Lebenspartnerschaften werden nicht wie Ehegatten veranlagt (vgl. H 26 EStR). Sofern im selben Jahr eine Ehe aufgelöst und eine andere geschlossen wurde, bezieht sich die Wahlmöglichkeit auf die jüngste Ehe (§ 26 Abs. 1 S. 2 EStG). Die Wahl der Veranlagungsart kann nach Eingang der Steuererklärung bei der zuständigen Finanzbehörde nicht mehr geändert werden. Wird keine Erklärung abgegeben, wird die Zusammenveranlagung durchgeführt (§ 26 Abs. 3 EStG).

- Zusammenveranlagung (§ 26b EStG): Die Ehegatten werden bei der Zusammenveranlagung gemeinsam als ein Steuerpflichtiger behandelt (§ 26b EStG). Es wird der sog. Splittingtarif angewendet.
- Einzelveranlagung von Ehegatten (§ 26a EStG): Statt der Zusammenveranlagung können Ehegatten ab VZ 2013 die Einzelveranlagung wählen. Hierzu reicht es, dass ein Ehegatte die Einzelveranlagung wählt (§ 26 Abs. 2 EStG). Es werden dann zwei Veranlagungen mit Anwendung des Grundtarifs durchgeführt. Sonderausgaben, außergewöhnliche Belastungen und die Steuerermäßigungen nach § 35a EStG (Aufwendungen für haushaltsnahe Dienste) werden im Regelfall zwischen den Ehegatten geteilt (§ 26a Abs. 2 EStG).

Bis einschließlich Veranlagungszeitraum 2012 gibt es zusätzlich die Besondere Veranlagung für das Jahr der Eheschließung.

| nicht verheiratet | verheiratet | | |
|---|---|---|---|
| § 25 EStG<br><br>Einzelveranlagung | § 26 Abs. 3,<br>§ 26b EStG a.F.<br><br>Zusammenveranlagung | § 26a EStG a.F.<br><br>Getrennte Veranlagung | § 26c EStG a.F.<br><br>Besondere Veranlagung für den VZ der Eheschließung |

(Rechtslage bis VZ 2012)

Ehegatten können bis VZ 2012 zwischen Zusammenveranlagung, Besondere Veranlagung im Jahr der Eheschließung und getrennter Veranlagung wählen. Die getrennte Veranlagung bis VZ 2012 entspricht im Wesentlichen der Einzelveranlagung ab VZ 2013.

Die besondere Veranlagung kann – nur von beiden gemeinsam – ausschließlich für das Kalenderjahr der Eheschließung gewählt werden (§§ 26 Abs. 2, 26c EStG a.F.). Dabei werden die Ehegatten besteuert, als wenn sie diese Ehe nicht geschlossen hätten.

Bei dem sog. Gnadensplitting wird dem verwitweten Ehegatten im Jahr nach dem Versterben des anderen Ehegatten noch einmal der Splittingtarif gewährt (§ 32 Abs. 6 Nr. 1 EStG).

## 2.5.2 Tarif

Für die Besteuerung sind zwei Tarifarten festgelegt.

| Grundtarif | → | Einzelveranlagung |
|---|---|---|
| Splittingtarif | → | Zusammenveranlagung |

Der Grundtarif ist für die Einzelveranlagung maßgeblich. Für unbeschränkt steuerpflichtige und nicht dauernd getrennt lebende Ehegatten gilt bei Zusammenveranlagung das Splittingverfahren. Es wird die Einkommensteuer für die Hälfte des gemeinsam zu versteuernden Einkommens beider Ehegatten nach dem Grundtarif berechnet und der so ermittelte Steuerbetrag verdoppelt. Bei unterschiedlich hohen Einkünften der Ehegatten tritt durch den Splittingtarif regelmäßig eine Steuerentlastung ein. Die getrennte Veranlagung schließt den Splittingvorteil aus.

Der stufenlose Steuertarif (seit 1.1.2004) ist ab einer bestimmten Höhe des zu versteuernden Einkommens (Proportionalzone) progressiv ausgestaltet, d.h. die Besteuerung im Grundtarif beginnt nach dem steuerfreien Grundfreibetrag von derzeit 8.004 EUR mit einem Eingangssteuersatz in der unteren Zone von 14% bis 23,97% für Einkommen von 8.005 EUR bis 13.469 EUR. In der nachfolgenden Progressionszone steigt der Steuersatz von 23,97% bis 42% bei zu versteuernden Einkommen von 13.470 EUR bis 52.881 EUR. Ferner gibt es eine Proportionalzone, bei der der Steuersatz bei 42% bleibt und zu versteuernden Einkommen von 52.882 EUR bis 250.730 EUR erfasst. Für höhere zu versteuernde Einkommen beträgt der Steuertarif 45% (Spitzensteuersatz).

Diese Art des Tarifs löste ab dem 1.1.2004 den Stufentarif ab. Dies bedeutet, dass die Einkommensteuer nicht mehr für jede Stufe, sondern exakt für den Einzelwert berechnet wird. Tarifänderungen sind geplant.

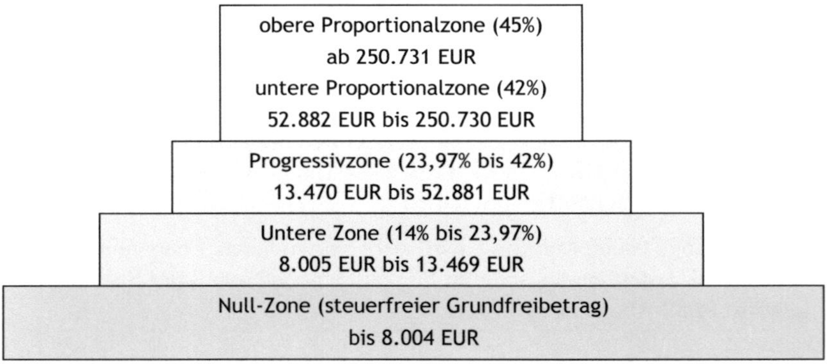


Die o.g. Prozente beziehen sich auf den Grundtarif. Die Besteuerung bei Anwendung des Splittingtarifs ist entsprechend niedriger.

Bleiben also Einnahmen bei der Besteuerung außer Ansatz, bewirkt dies einen Steuerausfall hinsichtlich dieser Einkünfte, aber darüber hinaus auch aufgrund der Progression der Ansatz eines niedrigeren Steuersatzes für die übrigen Einkünfte. Dieses Ergebnis wird durch die Anwendung des Progressionsvorbehaltes nach § 32b EStG für steuerfreie Einnahmen gemildert. Von besonderem Interesse ist neben der Durchschnittsbelastung der sog. Grenzsteuersatz. Das ist die prozentuale Belastung bezogen auf einen Einkommenszuwachs. Dieser Grenzsteuersatz ist aufgrund des Progressionseffekts höher als die Durchschnittsbelastung. Bei der Frage, wie hoch die Steuer bei einem eventuellen Hinzuverdienst ausfällt, ist die Grenzsteuerbelastung daher die entscheidende Größe.

Das Splittingverfahren ist für eingetragene Partnerschaften nach dem LPartG nicht anzuwenden. Diese Unterschiedliche Behandlung ist nach vielfacher Meinung in der Literatur nicht gerechtfertigt. Bisher allerdings waren die dagegen gerichteten Klagen erfolglos.

## 2.6 Prinzipien aller Einkunftsarten

Das Einkommensteuerrecht basiert auf unterschiedlichen Theorien, wie z.B. die Reinvermögenszugangstheorie[1], die Quellentheorie[2] oder auch die Markteinkommenstheorie[3]. Keine der Theorien wird jedoch vollständig erfüllt, da das Einkommensteuerrecht eher pragmatisch nach gesellschaftlichen und politischen Entwicklungen ausgerichtet ist.

### 2.6.1 Steuerfreie Einnahmen

Nicht alle steuerbaren Einnahmen sind auch steuerpflichtig und werden nach den Tarifen des § 32a EStG versteuert. Eine große Anzahl von steuerfreien Einnahmen ergeben sich abschließend aus § 3 Nr. 1 bis 70 EStG, so. z.B. Leistungen aus einer Kranken- oder Pflegeversicherung (§ 3 Nr. 1 Buchst. a) EStG), Arbeitslosengeld und Kurzarbeitergeld (§ 3 Nr. 2 EStG), Leistungen zur Sicherung des Lebensunterhalts (§ 3 Nr. 2b EStG), Reisekostenvergütungen (§ 3 Nr. 13 EStG), Krankenversicherungszuschüsse für Rentner (§ 3 Nr. 14 EStG), Einnahmen als nebenberuflicher Übungsleiter bis zur Höhe von 2.100 EUR (§ 3 Nr. 26 EStG), verbilligte Sammelbeförderung zwischen Wohnung und Arbeitsstätte (§ 3 Nr. 32 EStG), private Nutzung von betrieblichen PC und Telefonen (§ 3 Nr. 45 EStG), Trinkgelder für Arbeitnehmer (§ 3 Nr. 51 EStG), Wohngeld (§ 3 Nr. 58 EStG) oder Erziehungsgeld (§ 3 Nr. 67 EStG).

Steuerfreie Einnahmen sind nicht Teil der Bemessungsgrundlage mit der Folge eines Steuerausfalls für diese Einkünfte und die Anwendung eines niedrigeren Steuersatzes für die übrigen Einkünfte. Diesem Zustand wirkt der sog. Progressionsvorbehalt nach § 32b EStG entgegen, indem zwar die Steuerfreiheit der in § 3 EStG genannten Einkünfte erhalten bleibt, diese

---

[1] Danach ist Einkommen der Zugang von Reinvermögen in einer Wirtschaft während einer gegebenen Periode.

[2] Einkommen ist die Gesamtheit der Sachgüter, welche dem Einzelnen als Erträge dauernder Quellen der Gütererzeugung zur Bestreitung der persönlichen Bedürfnisse zur Verfügung steht.

[3] Unter Einkünfte versteht die Markteinkommenstheorie nur realisierte Einkünfte. Sie sind demjenigen zuzurechnen, der sie persönlich erwirtschaftet hat. Unterhaltsbezüge, staatliche Transferleistungen sind nicht erwirtschaftet.

jedoch bei dem Steuersatz für die übrigen Einkünfte mit zur Bemessungsgrundlage zählen.

Der Progressionsvorbehalt wird nicht auf alle steuerfreien Einnahmen angewendet, sondern nur auf einige, insbesondere staatliche Transferleistungen wie Arbeitslosen-, Kurzarbeiter-, Insolvenz-, Kranken-, Übergangs-, Mutterschafts- oder auch Elterngeld. Eine abschließende Aufzählung dazu findet sich in § 32b Abs. 1 EStG.

Sinn der Tarifprogression ist es, dass die genannten steuerfreien Einnahmen nicht zusätzlich den Steuertarif der übrigen (steuerpflichtigen) Einnahmen beeinflussen.

Vereinfachte Betrachtung des Tarifs unter der Annahme, das gesamte Einkommen sei steuerpflichtig nach § 32a EStG:

| Steuerpflichtiges Einkommen (100% = 48.000) |
|---|
| Steuersatz Grundtarif z.B. **26%** |

Vereinfachte Betrachtung der Tarife ohne Anwendung des Progressionsvorbehaltes nach § 32b EStG:

| Steuerfreie Einnahmen (30% = 14.400) | Steuerpflichtiges Einkommen (70% = 33.600) |
|---|---|
| Keine Steuer | Steuersatz z.B. **21%** |

Vereinfachte Betrachtung der Tarife mit Anwendung des Progressionsvorbehaltes nach § 32b EStG:

| Steuerfreie Einnahmen (30% = 14.400) | Steuerpflichtiges Einkommen (70% = 33.600) |
|---|---|
| Keine Steuer | Steuersatz **26%** (s.o.) |

Das System des Progressionsvorbehaltes ist schwer verständlich und soll an einem Beispiel verdeutlicht werden:

Die verheiratete Steuerpflichtige (Zusammenveranlagung/ Splittingtarif) hat Einnahmen in Höhe von 25.100 EUR. Dargestellt wird in der ersten EUR-Spalte der Fall, wenn die Einkünfte aus 25.100 EUR steuerpflichtigen Einnahmen bestehen (kein Progressionsvorbehalt). In der zweiten EUR-Spalte ist die Situation dargestellt, dass das Gesamteinkommen lediglich aus 20.000 EUR steuerpflichtigen Einnahmen ohne weitere steuerfreie Einnahmen besteht. In der dritten EUR-Spalte besteht das Einkommen aus 20.000 EUR steuerpflichtigen Einnahmen sowie zusätzlichen 5.100 EUR steuerfreiem Arbeitslosengeld, insgesamt also auch 25.100 EUR.

| | EUR | EUR | EUR |
|---|---|---|---|
| Gesamteinkommen | 25.100 | 20.000 | 25.100 |
| Einkünfte (steuerpflichtig) | 25.100 | 20.000 | 20.000 |
| Arbeitslosengeld (steuerfrei) | – | – | 5.100 |
| Einkommensteuer nach dem Splittingtarif 2009 auf 25.100 EUR beträgt 1.888 EUR (7,52%) | 1.888 (7,52%) | | |
| Einkommensteuer nach dem Splittingtarif 2009 auf 20.000 EUR beträgt 797 EUR (3,99%) | | 797 (3,99%) | |
| Besonderer durchschnittlicher Einkommensteuersatz in Höhe von 7,52% für die Berechnung der Einkommensteuer unter Anwendung des Progressionsvorbehaltes allein auf die steuerpflichtigen Einkünfte in Höhe von 20.000 EUR (1.504 EUR). | ↳ | | 1.504 (7,52%) |

An dem dargestellten Beispiel ist zu erkennen, dass der Progressionsvorbehalt einer Ungleichbehandlung bei dem Zusammentreffen von steuerpflichtigen und steuerfreien Einnahmen entgegenwirkt. Während die Steuerpflichtige ohne Anwendung des Progressionsvorbehaltes eine Einkommensteuer von 797 EUR zahlen würde, erhöht sie sich unter Anwendung des Progressionsvorbehaltes auf 1.504 EUR, ist aber immer noch 384 EUR niedriger als bei einer vollen Versteuerung der gesamten Einnahmen. Das steuerfreie Arbeitslosengeld wird damit steuerlich nicht belastet, das steuerpflichtige Einkommen umso mehr.

### 2.6.2 Zu- und Abflussprinzip

Es gilt das Zu- und Abflussprinzip des § 11 EStG, d.h. Einnahmen sind innerhalb des Kalenderjahres bezogen, in dem sie dem Steuerpflichtigen zugeflossen sind. Ausgaben sind in dem Kalenderjahr abzusetzen, in dem sie geleistet worden sind. § 11 EStG betrifft den Zufluss von Einnahmen aus allen sieben Einkunftsarten nicht jedoch bei Gewinnermittlung durch Betriebsvermögensvergleich (§§ 5 Abs. 1, 4 Abs. 1 EStG). Die Norm gilt auch bei einem vom Kalenderjahr abweichenden Wirtschaftsjahr, z.B. bei Landwirten, die ihren Gewinn durch Einnahme-Überschussrechnung nach § 4 Abs. 3 EStG ermitteln.

§ 11 Abs. 1 S. 2 EStG enthält eine systemwidrige Abgrenzung nach der wirtschaftlichen Zugehörigkeit zur Vermeidung von Zufallsergebnissen.

Regelmäßig wiederkehrende Einnahmen und Ausgaben, die kurze Zeit vor Beginn oder nach Beendigung des Kalenderjahres, zu dem sie wirtschaftlich gehören, zugeflossen bzw. verausgabt worden sind, gelten als in diesem Kalenderjahr bezogen bzw. verausgabt.

Bei dem Abfluss von Sonderausgaben, d.h. Beiträge zur Kranken- und Pflegeversicherung gilt ab 2011 das Abflussprinzip des § 11 EStG nicht mehr bei den Beiträgen für die Folgejahre, sofern die Summe das Zweieinhalbfache der auf den VZ entfallenden Beiträge überschreitet. Die übersteigenden Beiträge sind erst in dem VZ zu berücksichtigen, für den sie geleistet worden sind. Diese Änderung erfolgte im Jahre 2010, um missbräuchliche Gestaltungen zu vermeiden. Dies gilt jedoch allein für Vorauszahlungen, nicht für die Nachzahlung von zurückliegenden Zeiträumen.

Beispiel zu § 11 EStG:

- Regelmäßig wiederkehrende Einnahmen und Ausgaben, z.B. Versicherungsleistungen, Zinsen, Miete, Pacht, Bausparbeiträge, nicht aber Ratenzahlungen auf einmalige Leistungspflicht, Steuerberatungskosten, Steuerzahlungen, Gratifikationen.
- Zufluss innerhalb kurzer Zeit vor oder nach Beendigung des Kalenderjahres bedeutet nach ständiger Rechtsprechung i.d.R. ein Zeitraum von bis zu 10 Tagen (22.12. bis 10.01.). Auf die Fälligkeit der Einnahme im Jahr der wirtschaftlichen Zugehörigkeit kommt es nicht an.
- Rechtsfolge: Zurechnung /Absetzung der Einnahme/Ausgabe erfolgt zum Zeitraum der wirtschaftlichen Zugehörigkeit.

Beispiel: Am 8.1.02 fließen dem Steuerpflichtigen Pachtzinsen für Dezember 01 zu. Nach § 11 EStG werden sie steuerlich dem Kalenderjahr 01 zugerechnet.

| 31.12.01 | 1.1.02 |
|---|---|
| Kalenderjahr 01 | Kalenderjahr 02 |
| ↑ | 8.1.02: Zufluss von Pachtzinsen für Kalenderjahr 01 |
| **Zurechnung zu Kalenderjahr 01** | |

### 2.6.3 Ermittlung der Einkünfte

Im Einkommensteuerrecht werden die Einkünfte aus den sieben Einkunftsarten nach einem dualen System ermittelt. Maßgeblich ist entweder der Gewinn oder aber der Überschuss der Einnahmen über die Werbungskosten.

| Ermittlung der Einkünfte | | |
|---|---|---|
| Gewinn | → | § 2 Abs. 2 Nr. 1 EStG |
| Überschuss der Einnahmen über die Werbungskosten | → | § 2 Abs. 2 Nr. 2 EStG |

Der Gewinn ist maßgeblich für die Einkünfte aus Land- und Forstwirtschaft, Gewerbebetrieb und selbständiger Arbeit (sog. Gewinneinkünfte). Der Überschuss der Einnahmen über die Werbungskosten ist maßgeblich für die Einkünfte aus nichtselbständiger Arbeit, Kapitalvermögen, Vermietung und Verpachtung und sonstige Einkünfte (sog. Überschusseinkünfte).

Die Unterscheidung zwischen Gewinn- und Überschusseinkünfte ist für das Einkommensteuerrecht fundamental, da sich aus diesem Dualismus der Einkunftsarten jeweils gleichartige gesetzgeberische Grundentscheidungen ableiten lassen.

Den Gewinneinkünften liegt der rechtstheoretische Ansatz der Reinvermögenszugangstheorie zugrunde, d.h. Einkünfte sind danach Vermögensmehrungen innerhalb einer bestimmten Zeitspanne. Betriebseinnahmen sind Zugänge von Wirtschaftsgütern in Form von Geld oder Geldeswert. Betriebsausgaben sind Aufwendungen, die durch den Betrieb veranlasst sind. Der Überschuss der Einnahmen über die Werbungskosten ist weitgehend eine reine Kassenrechnung ohne Berücksichtigung von Wertveränderungen im Betriebsvermögen.

Von besonderer Bedeutung für die Ermittlung des Überschusses der Einnahmen über die Werbungskosten ist der Werbungskostenbegriff des Einkommensteuerrechts. Werbungskosten sind Aufwendungen zur Erwerbung, Sicherung und Erhaltung der Einnahmen. Zwar legt der Wortlaut in § 9 EStG eine zweckgerichtete Verbindung zwischen den Aufwendungen und den Einnahmen nahe, nach der Rechtsprechung allerdings ist die Veranlassung maßgebend. Der Werbungskostenbegriff wird im Ergebnis etwas enger ausgelegt als der Betriebsausgabenbegriff, da dem Unternehmer hinsichtlich der betrieblichen Veranlassung ein größerer Entscheidungsspielraum eingeräumt wird.

### 2.6.4 Betriebseinnahmen, Betriebsausgaben und nichtabzugsfähige Aufwendungen

Betriebseinnahmen und Betriebsausgaben stehen spiegelbildlich zueinander. Betriebseinnahmen sind alle Zuflüsse, die dem Unternehmen aus betrieblichen Gründen zufließen. Betriebsausgaben sind Aufwendungen, die durch den Betrieb veranlasst sind, d.h. objektiv ein Zusammenhang mit dem Beruf oder dem Betrieb besteht und subjektiv die Aufwendung zur Förderung des Berufs oder Betriebs gemacht werden. Sie sind abzugsfähig (§ 4 Abs. 4 EStG). Dazu gehören die üblichen betrieblichen Aufwendungen des geschäftlichen Verkehrs aber z.B. auch der Schadensersatz, der aus betrieblichen Gründen z.B. wegen einer fehlerhaften Leistung gezahlt werden muss. Die grundsätzliche Abzugsfähigkeit von Betriebsausgaben wird durch § 4 Abs. 5 EStG durchbrochen.

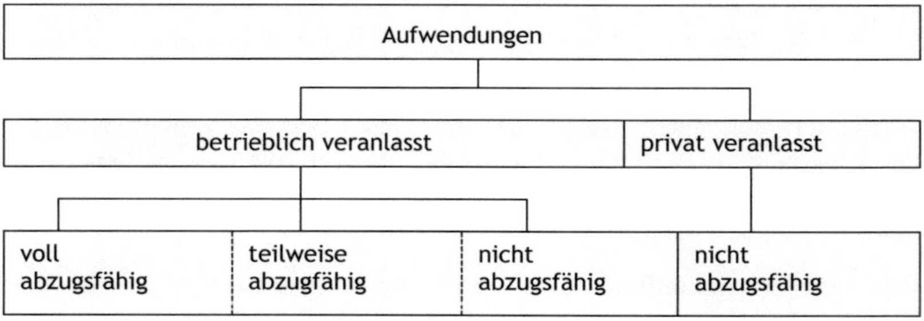


Die betriebliche Veranlassung fehlt, wenn private Gründe für die Aufwendungen ausschlaggebend sind. Diese sogenannten Kosten der privaten Lebensführung sind nichtabzugsfähige Ausgaben, die auch dann nicht abzugsfähig sind, wenn sie auch zur Förderung des Berufs oder der Tätigkeit des Steuerpflichtigen erfolgen (Aufteilungsverbot). Zu nennen ist hier etwa die Einladung von Geschäftspartnern zu einer Karnevalsveranstaltung, der Besuch von klassischen Konzerten durch eine Orchestermusikerin oder aber auch der Bezug einer Tageszeitung.

Verschiedene Betriebsausgaben sind nur teilweise abzugsfähig, so z.B. Schuldzinsen, Geschenke, Bewirtungsaufwendungen oder Verpflegungsmehraufwendungen.

Neben den vorgenannten teilweisen Abzugsverboten gibt es auch Aufwendungen, die vollständig dem Abzugsverbot unterliegen, so z.B. Aufwendungen für Jagd, Fischerei, Jachten und die damit zusammenhängenden Bewirtungen, Geldbußen, Ordnungsgelder, Verwarngelder, Bestechungsgelder und Hinterziehungszinsen.

| Aufwendungen | | als Betriebsausgabe voll/teilweise/nicht abzugsfähig |
|---|---|---|
| Betriebliche Veranlassung § 4 Abs. 4 EStG | → | voll abzugsfähig, Sonderregelungen für Abschreibungen |
| Schuldzinsen § 4 Abs. 4a EStG | → | nur voll abzugsfähig, wenn keine Überentnahmen getätigt wurden |
| Geschenke § 4 Abs. 5 Nr. 1 EStG | → | abzugsfähig, wenn sie 35 EUR nicht überschreiten |
| Bewirtungsaufwendungen § 4 Abs. 5 Nr. 2 EStG | → | 70 % der angemessenen Aufwendungen abzugsfähig |
| Gästehäuser § 4 Abs. 5 Nr. 3 EStG | → | nicht abzugsfähig |
| Jagd, Fischerei, Jachten § 4 Abs. 5 Nr. 4 EStG | → | nicht abzugsfähig |
| Verpflegungsmehraufwand § 4 Abs. 5 Nr. 5 EStG | → | pauschaliert abzugsfähig im Inland (24 Std./24 EUR; 14 bis 24 Std./12 EUR; 8 bis 14 Std./6 EUR); Besonderheiten für das Ausland |
| Wege zwischen Wohnung und Arbeitsstätte § 4 Abs. 5 Nr. 6 i.V.m. § 9 Abs. 1 S. 3 Nr. 4 EStG | → | pauschal 0,30 EUR pro Entfernungskilometer, max. 4.500 EUR/Jahr |
| Häusliches Arbeitszimmer § 4 Abs. 5 Nr. 6b EStG | → | bis 1.250 EUR abzugsfähig, wenn kein anderer Arbeitsplatz zur Verfügung steht; voll abzugsfähig wenn das Arbeitszimmer der Mittelpunkt der gesamten beruflichen Betätigung ist |
| Geldbußen, Ordnungsgelder, Verwarngelder § 4 Abs. 5 Nr. 8 EStG | → | nicht abzugsfähig |
| Zinsen auf hinterzogene Steuern § 4 Abs. 5 Nr. 8a EStG | → | nicht abzugsfähig |
| Gewinnabführungen nach §§ 14, 17, 18 KStG, § 4 Abs. 5 Nr. 9 EStG | → | nicht abzugsfähig |
| Schätzungszuschlag nach § 162 Abs. 4 AO | → | nicht abzugsfähig |
| Gewerbesteuer § 4 Abs. 5b EStG | → | nicht abzugsfähig |
| Spenden an politische Parteien § 4 Abs. 6 EStG | → | nicht abzugsfähig |
| Gebäudeerhaltungsaufwand in Sanierungsgebieten nach § 4 Abs. 8 EStG | → | teilweise abzugsfähig |

## 2.7 Überschusseinkünfte

Die Systematik der Überschusseinkünfte beruht auf der Quellentheorie, d.h. nur solche „Früchte" sind steuerbar, die zu einer ständigen Einnahmequelle gehören, der Wert der Quelle selbst bleibt bei der Einkünfteermittlung unberücksichtigt. Wertveränderungen im Vermögen sind daher grundsätzlich ohne Bedeutung für die Einkommensteuer. Bei den Überschusseinkünften wird Privatvermögen zur Erzielung der Einnahmen eingesetzt. Veräußert z.B. ein Steuerpflichtiger sein Haus, aus dem er Einkünfte aus Vermietung und Verpachtung erzielt, nach Ablauf der Spekulationsfrist des § 23 EStG, so wird der daraus erzielte private Veräußerungserlös nicht bei der Einkommensteuer berücksichtigt (§§ 23 Abs. 1 S. 1 Nr. 1, 22 Nr. 2, 2 Abs. 1 S. 1 Nr. 7 EStG). Ferner sind Einkünfte, die ohne marktgerechte Gegenleistung erzielt werden (z.B. Schenkungen, Spielgewinne, Fund) nicht steuerbar (Markteinkommenstheorie).

Bei den Einkunftsarten der § 2 Abs. 1 S. 1 Nr. 4 bis 7 EStG, d.h. Einkünfte aus nichtselbständiger Arbeit, Kapitalvermögen, Vermietung und Verpachtung und sonstige Einkünfte i.S.d. § 22 EStG, sind die Einkünfte der Überschuss der Einnahmen über die Werbungskosten (§§ 8 bis 9a EStG).

| | |
|---|---|
| | Einnahmen |
| - | Ausgaben |
| = | Überschuss |

Insoweit sind die Einnahmen und die Werbungskosten einer näheren Betrachtung zu unterziehen.

Einnahmen sind nach § 8 Abs. 1 EStG alle Güter in Geld oder Geldeswert, die dem Steuerpflichtigen im Rahmen einer der o.g. Einkunftsarten des § 2 Abs. 1 S. 1 Nr. 4 bis 7 EStG zufließen.

Werbungskosten sind Aufwendungen zur Erwerbung, Sicherung und Erhaltung der Einnahmen. Sie sind bei der Einkunftsart abzuziehen, bei der sie entstanden sind (§ 9 Abs. 1 EStG). Es gilt das Zu- und Abflussprinzip des § 11 EStG (vgl. Kap. 2.6.2).

### 2.7.1 Einkünfte aus nichtselbständiger Arbeit

Einkünfte aus nichtselbständiger Arbeit erzielen Arbeitnehmer, d.h. Personen, die im öffentlichen oder privaten Dienst angestellt sind und Arbeitslohn beziehen. Die Einkünfte aus nichtselbständiger Arbeit ist die praktisch wichtigste Einkunftsart, da ihr ca. 90% der Erwerbstätigen unterliegen. Die Einkommensteuer wird hier durch den Abzug vom Lohn, also als Quellenabzug vom Arbeitslohn erhoben (§§ 38 ff. EStG) und wird daher Lohnsteuer genannt. Die Ausstellung einer Lohnsteuerkarte erfolgte letztmalig für das Jahr 2010, der Lohnsteuerabzug wurde danach durch das sog. ELSTAM, das Verfahren der elektronischen Lohnsteuerabzugsmerkmale (vgl. § 39e EStG) ersetzt. Arbeitgeber haben sich für den Abruf der Lohnsteuermerkmale mit der Wirtschafts-Identifikationsnummer zu authentifizieren.

Zu den Einkünften aus nichtselbständiger Arbeit gehören nach § 19 EStG z.B. Gehälter, Löhne, Gratifikationen, Tantiemen, Bezüge aus Dienstverhältnisse, Witwen- und Waisengelder oder Sonderzahlungen.

Sachbezüge und geldwerte Vorteile gehören ebenso wie Geldbezüge zu den Einnahmen. Erhält der Arbeitnehmer einen Firmenwagen zur privaten Nutzung, ist dieser Privatnutzungsvorteil nach der sog. 1%-Regelung zu versteuern, d.h. es ist für jeden Monat 1% des inländischen Listenneupreises im Zeitpunkt der Erstzulassung zuzüglich der Kosten für die Sonderausstattung einschließlich der Umsatzsteuer anzusetzen (§ 8 Abs. 2 S. 2 i.V.m. § 6 Abs. 1 Nr. 4 S. 2 EStG).

Die Grenze zwischen selbständiger und nichtselbständiger Arbeit ist fließend, die Beurteilung richtet sich nach den konkreten Umständen des Einzelfalls. Arbeitnehmer im steuerrechtlichen Sinne ist eine natürliche Person, die in einem Dienstverhältnis weisungsgebunden und/oder organisatorisch eingegliedert ihre Arbeitskraft schuldet und dabei vom Vermögensrisiko der Erwerbstätigkeit grundsätzlich freigestellt ist.

| | | |
|---|---|---|
| Weisungsgebundenheit | → | I.d.R. unterliegt der Arbeitnehmer im Innenverhältnis zu seinem Arbeitgeber seinen fachlichen Weisungen hinsichtlich Gestaltung und Durchführung der Arbeit. |
| Organisatorische Eingliederung | → | Eine arbeitsorganisatorische Abhängigkeit liegt vor, wenn der Arbeitgeber Ort und Zeit der Arbeitsleistung bestimmt. |
| Kein Unternehmerrisiko | → | Kein eigenes Unternehmerrisiko trägt, wer sich nicht auf eigene Rechnung und Gefahr betätigt. |

Die vollständigen oder teilweisen Steuerbefreiungen bei Einkünften aus nichtselbständiger Arbeit sind überwiegend sozialstaatlich begründet, wie z.B. Sozialversicherungsbeiträge (§ 3 Nr. 62 EStG), Auslagenersatz (§ 3 Nr. 50 u.a.), Reisekostenvergütungen (§ 3 Nr. 13 EStG), die Benutzung betrieblicher Geräte wie Telefone, Faxgeräte, Internet, PC (§ 3 Nr. 45 EStG), Zuschläge für Sonntags-, Feiertags- und Nachtarbeit (§ 3b EStG).

Werbungskosten bei den Einkünften aus nichtselbständiger Arbeit sind Beiträge zu Berufsverbänden (§ 9 Abs. 1 Nr. 3 EStG), Fahrten zwischen Wohnung und Arbeitsstätte (§ 9 Abs. 1 Nr. 4 EStG), Kosten der doppelten Haushaltsführung (§ 9 Abs. 1 Nr. 5 EStG), Aufwendungen für Arbeitsmittel (§ 9 Abs. 1 Nr. 6 EStG) sowie Absetzungen für Abnutzungen von Wirtschaftsgütern (§ 9 Abs. 1 Nr. 7 EStG). Bereits an der Aufzählung wird deutlich, dass der Werbungskostenbegriff im Vergleich zum Betriebsausgabenbegriff deutlich enger gefasst ist.

Zur Entlastung der Steuerverwaltung sieht das Gesetz mitunter Pauschalierungen vor (Pauschbeträge). Sie sollen einen Durchschnittswert festlegen, der von dem Steuerpflichtigen ohne Nachweis in Anspruch genommen werden kann. Es handelt sich hierbei um Vereinfachungsnormen.

Es können insoweit pauschal bei den Einkünften aus nichtselbständiger Arbeit 1.000 EUR/Kalenderjahr ab 2011 (920 EUR/Kalenderjahr bis 2010) als Werbungskosten abgesetzt werden, wenn nicht höhere Aufwendungen nachgewiesen sind; der Werbungskostenpauschbetrag bei Versorgungsbezügen, Versorgungsleistungen und Ausgleichszahlungen im Rahmen des Versorgungsausgleichs beträgt 102 EUR/Kalenderjahr (§ 9a Nr. 1, 3 EStG).

### 2.7.2 Einkünfte aus Kapitalvermögen

Einkünfte aus Kapitalvermögen (§ 20 EStG) entstehen durch Nutzung des privaten Geldvermögens. Dazu gehören beispielsweise Beteiligungsbezüge, Dividenden, Zinsen, sonstige Bezüge (z.B. aus verdeckten Gewinnausschüttungen), private Veräußerungsgewinne, sowie auch Erstattungszinsen auf Steuererstattungen nach § 233a AO. Nach § 20 Abs. 2 EStG zählen auch Gewinne aus der Veräußerung der Wirtschaftsgüter dazu, die zuvor der Erzielung der Kapitaleinkünfte gedient haben. Es werden also nur die Früchte des eingesetzten Kapitals erfasst, nicht aber die Anschaffung des Kapitalstamms oder Wertschwankungen zu Einnahmen bzw. Werbungskosten.

Bei der Ermittlung der Einkünfte aus Kapitalvermögen ist der Sparer-Freibetrag von 801 EUR/1.602 EUR (Einzelveranlagung/Zusammenveranlagung) abzuziehen (§ 20 Abs. 9 EStG). Eine Minderung um die tatsächlichen Werbungskosten findet nicht statt.

Die Besteuerung erfolgt mit der sog. Abgeltungssteuer, die der Idee des pauschalen Steuerabzugs an der Quelle folgt. Die privaten Einkünfte aus Kapitalvermögen unterliegen damit grundsätzlich einem einheitlichen Steuersatz von 25% (§ 32d EStG) zzgl. Solidaritätszuschlag und ggf. Kirchensteuer. Die Besteuerung erfolgt als Kapitalertragsteuerabzugs mit abgeltender Wirkung, die auf Antrag des Steuerpflichtigen im Rahmen einer Günstigerprüfung durch die Finanzverwaltung überprüft wird. Falls der individuelle Steuersatz des Steuerpflichtigen geringer ist, wird dieser zugrunde gelegt, falls er über dem Abgeltungssteuersatz liegt, gilt der Antrag als nicht gestellt (vgl. § 32d Abs. 6 S. 1 EStG), mithin bleibt es dann bei dem Abgeltungssteuersatz von 25%.

Verluste aus Kapitalvermögen dürfen nicht mit Einkünften aus anderen Einkunftsarten ausgeglichen werden, sie mindern jedoch die zukünftigen Einkünfte aus Kapitalvermögen (vgl. § 20 Abs. 6 EStG).

### 2.7.3 Einkünfte aus Vermietung und Verpachtung

Erträge aus der wirtschaftlichen Nutzung von Vermögensgegenständen im Privatvermögen (nicht im Betriebsvermögen) können als Einkünfte aus Vermietung und Verpachtung steuerbar sein, wie z.B. die Vermietung und Verpachtung von Grundstücken, Gebäuden, beweglichem Betriebsvermögen oder Rechten. Die Vermietung und Verpachtung von Gegenständen, die z.B. ein Gewerbetreibender, Selbständiger oder Freiberufler aus der Vermietung von Betriebsvermögen erzielt, sind der jeweiligen Einkunftsart zuzurechnen (§ 21 Abs. 3 EStG).

Als Werbungskosten werden alle hierfür anfallenden Aufwendungen abgezogen, einen Pauschbetrag gibt es nicht. Der jahresteilige Abzug nach den AfA-Regelungen für Anschaffungs- und Herstellungskosten sind entsprechend anzuwenden (vgl. Kap. 2.8.5). Geringwertige Wirtschaftsgüter können bis zu 410 EUR sofort als Werbungskosten angesetzt werden.

Als Werbungskosten kommen z.B. Darlehenszinsen, Bewirtschaftungskosten, Grundsteuer, Maklerprovisionen, Prozesskosten, Reparaturkosten oder Steuerberatungskosten in Betracht. Probleme bereitet häufig die Vermietung von Ferienwohnungen und -häusern. Bei Abgrenzung der Einkünfte aus Vermietung und Verpachtung zur Liebhaberei wird eine Prognose angestellt, ob sich in einem Zeitraum von 30 Jahren ein Totalüberschuss ergeben kann. Ist dies nicht der Fall, kann dies als Indiz für Liebhaberei gewertet werden. Die Ermittlung der Einkünfte aus Vermietung und Verpachtung erfolgt durch die Überschussrechnung.

### 2.7.4 Sonstige Einkünfte i.S.d. § 22 EStG

Zu den sonstigen Einnahmen sind z.B. Einkünfte aus wiederkehrenden Bezügen, Leibrenten, Unterhaltsleistungen, Versorgungsleistungen, Überführung eines Wirtschaftsgutes in das Privatvermögen oder auch Einkünfte aus privaten Veräußerungsgeschäften zu zählen. Private Veräußerungsgeschäfte bei Grundstücken zählen nur dann zu den sonstigen Einkünften, wenn der Zeitraum zwischen Anschaffung und Veräußerung nicht mehr als 10 Jahre beträgt (§ 23 Abs. 1 Nr. 1 EStG); die Haltefrist für andere Wirtschaftsgüter beträgt ein Jahr (§ 23 Abs. 1 Nr. 2 EStG), wobei die Veräußerung von Gegenständen des täglichen Bedarfs innerhalb der Haltefrist von einem Jahr nicht steuerbar sind, da die Gegenstände nicht mit dem Ziel einer zeitnahen gewinnbringenden Veräußerung angeschafft werden (§ 23 Abs. 1 Nr. 2 S. 2 EStG). Einkünfte aus privaten Veräußerungsgeschäften sind anderen Einkunftsarten zuzurechnen, soweit sie zu diesen gehören. Gewinn oder Verlust aus Veräußerungsgeschäften ist der Unterschied zwischen dem Veräußerungspreis einerseits und den Anschaffungs- und Herstellungskosten und den Werbungskosten andererseits.

## 2.8 Gewinneinkünfte

Gewinneinkünfte sind die Einkünfte aus Land- und Forstwirtschaft, Gewerbebetrieb und selbständiger Arbeit.

### 2.8.1 Einkünfte aus Gewerbebetrieb

#### 2.8.1.1 Allgemeines

Einkünfte aus Gewerbebetrieb sind Einkünfte einer natürlichen Person aus gewerblichen Unternehmen, Gewinnanteile der Gesellschafter aus gewerblich tätigen Mitunternehmerschaften oder eines persönlich haftenden Gesellschafters einer KGaA (vgl. §§ 2 Abs. 1 S. 1 Nr. 2 i.V.m. 15 Abs. 1 EStG).

Hinter der allgemeinen gesetzlichen Definition des gewerblichen Unternehmens verbirgt sich Produktion, Handel und Dienstleistung. Der steuerliche Begriff des Gewerbebetriebs ist aber nicht identisch mit gleichlautenden Begriffen anderer Gesetze mit anderen Zwecken, wie z.B. dem HGB.

Einkünfte aus Gewerbebetrieb werden erzielt kraft

- gewerblicher Betätigung oder
- Rechtsform

Nach der Definition des § 15 Abs. 2 S. 1 EStG ist eine gewerbliche Tätigkeit eine selbständige nachhaltige Betätigung, die mit Gewinnerzielungsabsicht unternommen wird und sich als Beteiligung am allgemeinen wirtschaftlichen Verkehr darstellt, wenn die Betätigung weder als Ausübung von Land- und Forstwirtschaft, noch eines freien Berufs, noch als andere selbständige Arbeit oder Vermögensverwaltung anzusehen ist (vgl. R. 2.1 GewStR 2009 i.V.m. R 15 EStR mit Beispielen und Erläuterungen).

Kapitalgesellschaften sind Gewerbebetriebe kraft Rechtsform und ihre gewerblichen Einkünfte unterliegen nicht der Einkommen-, sondern der Körperschaftsteuer.

Nach der sogenannten Abfärbe- oder Infektionstheorie wird eine nur teilweise gewerblich tätige Personengesellschaft einheitlich als Gewerbebetrieb beurteilt. Ist also eine Personengesellschaft teilweise freiberuflich und teilweise gewerblich tätig bzw. ist auch nur ein Gesellschafter für Rechnung der Gesellschaft gewerblich tätig, so gilt nach § 15 Abs. 3 Nr. 1 EStG die Tätigkeit der gesamten Gesellschaft in vollem Umfang als Gewerbebetrieb, selbst wenn die anderen Gesellschafter freiberufliche Tätigkeiten erbringen (z.B. eine Rechtsanwältin einer Anwaltssozietät betätigt sich auch als Grundstücksmaklerin).

### 2.8.1.2 Abgrenzung

Aufgrund der unterschiedlichen Folgen, die sich aus der Qualifizierung als Gewerbebetrieb ergeben (z.B. die Gewerbesteuerpflicht), ist eine Abgrenzung des Gewerbebetriebs von anderen unternehmerischen Betätigungen von besonderer Bedeutung.

Die nachfolgend beschriebenen Kriterien haben auch besondere Bedeutung für die Einstufung als Gewerbebetrieb im Rahmen des GewStG.

**Definition der gewerblichen Tätigkeit**

| positive Voraussetzungen | negative Voraussetzungen |
|---|---|
| ▪ Selbständigkeit<br>▪ Nachhaltigkeit<br>▪ Gewinnerzielungsabsicht<br>▪ Beteiligung am allgemeinen wirtschaftlichen Verkehr | ▪ keine Land- und Forstwirtschaft<br>▪ kein freier Beruf<br>▪ keine selbständige Arbeit<br>▪ keine Vermögensverwaltung |

- **Selbständigkeit**

Einkünfte aus Gewerbebetrieb kann nur beziehen, wer selbständig tätig ist. Dazu gehört, dass die Tätigkeit auf eigene Rechnung und auf eigene Verantwortung betrieben wird, mithin mit eigenem Unternehmerrisiko und eigener Unternehmerinitiative.

Nicht ausschlaggebend ist die Bezeichnung der Tätigkeit, sondern das Gesamtbild der Verhältnisse. Eine Tätigkeit kann nur insgesamt selbständig oder nichtselbständig sein, dieselbe Person kann jedoch sowohl nebeneinander selbständig als auch nichtselbständig tätig sein.

**Für eine Selbständigkeit sprechen**

↓

- Höhe der Einnahmen hängt weitgehend von eigener Aktivität ab.
- Über Zeit, Ort und Umfang seiner Tätigkeit kann der Selbständige im Wesentlichen selbst entscheiden (keine Weisungsgebundenheit).
- Kein bezahlter Urlaubsanspruch oder keine Lohnfortzahlung im Krankheitsfalle.
- Tätigkeiten können auf Arbeitnehmer delegiert werden, wenn nicht höchstpersönliche Leistungserbringung vereinbart ist.
- Verpflichtung zur Beschaffung von Arbeitsmitteln.
- Geschuldet wird der Arbeitserfolg und nicht allein die Arbeitskraft.

Die o.g. Kriterien stehen nicht kumulativ zueinander, sondern sind lediglich Anhaltspunkte, die im Rahmen einer Gesamtbetrachtung der Tätigkeit berücksichtigt werden.

Neben dieser persönlichen Selbständigkeit des Unternehmers ist auch eine sachliche Selbständigkeit des Betriebs erforderlich, d.h. er darf nicht nur ein unselbständiger Teil eines anderen Unternehmens sein. Mehrere Betriebsstätten können einen einheitlichen Gewerbebetrieb bilden.

- **Nachhaltigkeit**

Die gewerbliche Tätigkeit muss auf Wiederholung angelegt sein (Nachhaltigkeit). Eine nur gelegentliche Tätigkeit führt nicht zu gewerblichen Einkünften, so z.B. nicht der gelegentliche Verkauf von Gegenständen bei einer Online-Auktion oder auf einem Flohmarkt. Der Handelnde muss anstreben, die Tätigkeit zu einer ständigen Erwerbsquelle zu machen. Dabei kann sich die Wiederholungsabsicht darin zeigen, dass der Handelnde die Tätigkeit tatsächlich wiederholt; dies ist aber nicht die einzige Form, da auch ein einzelnes Geschäft mit vielen Einzeltätigkeiten zur Nachhaltigkeit führen kann, so z.B. bei einem einmaligen und einheitlichen Erwerb und Veräußerung eines Gebäudekomplexes mit vielen Wohneinheiten, wenn der Handelnde wie ein Händler auftritt. Wer regelmäßig auf Flohmärkten oder über Internet-Plattformen verkauft ist i.d.R. nachhaltig tätig.

- **Gewinnerzielungsabsicht**

Gewinnerzielungsabsicht bedeutet, dass der Handelnde während der gesamten Zeit des Handelns das Betriebsvermögen mehren will. Dabei kommt es nicht auf den Gewinn einzelner Perioden an, sondern auf den sog. Totalgewinn, d.h. der Gesamtgewinn des Unternehmens von der Gründung bis zur Beendigung. Sofern diese Gewinnerzielungsabsicht vorhanden ist, können auch negative Einkünfte bei der Besteuerung berücksichtigt werden. Dienen die Einnahmen nur der Selbstkostendeckung, ist eine Gewinnerzielungsabsicht zu verneinen. Abzugrenzen ist die Gewinnerzielungsabsicht von sog. Einkünften aus Liebhaberei oder gemeinnützigen Tätigkeiten, die nicht zu steuerlichen Einkünften führen.

Gibt ein Steuerpflichtiger seine Tätigkeit wegen veränderter Verhältnisse auf (weil die Gewinnerzielung erschwert oder ausgeschlossen ist), so bedeutet dies nicht zwangsläufig, dass vorher eine steuerlich unbeachtliche Liebhaberei vorlag.

Beispiel 1:

Tauchlehrer B meldet „Tauchausbildung und Handel mit Tauchequipment“ als Gewerbe an. Er kauft eine eigene Tauchausrüstung, betreibt keine Werbung und hat keine Tauchschüler. Stattdessen unternimmt er teure Tauchreisen, die er steuerlich als Betriebsausgaben ansetzt, so dass er ständig Verluste erwirtschaftet.

Hier erscheint es zweifelhaft, ob Einkünfte aus Gewerbebetrieb vorliegen, da vieles dafür spricht, dass es sich hier um ein kostspieliges Hobby des B handelt, also um eine verlustbringende Tätigkeit aus in der Lebensführung liegenden persönlichen Gründen oder Neigungen. Hier könnte es sich um sog. Liebhaberei handeln mit der Folge, dass die Verluste steuerlich nicht anerkannt werden.

Beispiel 2:

Die Eheleute B werden gemeinsam veranlagt. Frau B erzielt Einkünfte aus nichtselbständiger Tätigkeit, Herr B ist Bildhauer und gibt privaten Kunstunterricht. Er mietet ein großes Atelier an, kauft Materialien und Werkzeuge. Innerhalb von 15 Jahren machen die Eheleute Verluste von insgesamt mehr als 110.000 EUR geltend, wobei innerhalb dieses Zeitraums von ihm auch in zwei Jahren Gewinne erwirtschaftet wurden.

Hier hat das Niedersächsische Finanzgericht (Nds. FG, Urteil v. 27.8.2003 - 2 K 707/99, EFG 2004, 111 rkr.) festgestellt, dass bei hauptberuflichen Künstlern u.U. eine längere Anlaufphase geboten sein kann, bevor eine Tätigkeit als Liebhaberei qualifiziert werden kann. Maßgebliche Kriterien für die Gewinnerzielungsabsicht sind hier die Art der künstlerischen Ausbildung, der Werdegang, die geschaffenen Werke sowie die individuellen Planungen des Steuerpflichtigen. Sofern die (i.d. R. verlustbringende) Anlaufphase demnach keine Liebhaberei darstellt, wirken die Verluste steuermindernd.

- **Beteiligung am allgemeinen wirtschaftlichen Verkehr**

Ein Unternehmen ist dann am allgemeinen wirtschaftlichen Verkehr beteiligt, wenn es seine Leistungen über den privaten Bereich hinaus der Allgemeinheit, d.h. für Dritte gegen Entgelt anbietet. Der tatsächliche Kundenkreis ist dabei unerheblich, so dass auch Unternehmen, die z.B. ausschließlich für einen Auftraggeber produzieren (Zulieferer), am allgemeinen wirtschaftlichen Verkehr teilnehmen, wenn sie grundsätzlich an jeden liefern würden, der die Kaufbedingungen erfüllt. Keine Betätigung am allgemeinen wirtschaftlichen Verkehr ist die Erfüllung hoheitlicher Aufgaben, die Bewirtung von Bediensteten zum Selbstkostenpreis oder das Einsammeln und Verwerten leerer Pfandflaschen.

- **Abgrenzung zur Land- und Forstwirtschaft, selbständiger Arbeit und Vermögensverwaltung**

Es darf sich nicht um einen land- und forstwirtschaftlichen Betrieb handeln (vgl. Kap. 2.8.3) und auch nicht um Einkünfte aus selbständiger Arbeit (vgl. Kap 2.8.2).

Private Vermögensverwaltung, d.h. eine regelmäßig längerfristige Erhaltung und Fruchtziehung von Vermögen, stellt ebenfalls keine gewerbliche Tätigkeit dar. Die Abgrenzung zwischen dem gewerblichen Einsatz von Vermögen und der privaten Vermögensnutzung ist schwierig. Sobald eine Vermögensumschichtung im Vordergrund steht, wird von der Rechtsprechung ein gewerblicher Charakter angenommen.

Insoweit ist die Drei-Objekt-Grenze von Bedeutung. Gewerblicher Grundstückshandel wird von der Rechtsprechung dann verneint, wenn weniger als vier Objekte innerhalb eines engen zeitlichen Zusammenhangs (i.d.R. fünf Jahre) angeschafft und veräußert werden. Der BFH nimmt bei Überschreitung der Drei-Objekt-Grenze an, dass es dem Steuerpflichtigen auf die Ausnutzung substanzieller Vermögenswerte durch Umschichtung ankommt. Diese Grenze hat jedoch nur indizielle Bedeutung, maßgeblich sind die Gesamtumstände des Einzelfalls.

### 2.8.2 Einkünfte aus selbständiger Arbeit

Die Qualifizierung einer Tätigkeit als selbständige Arbeit erfordert ebenfalls die bereits beschriebenen vier positiven Merkmale eines Gewerbebetriebs nach § 15 Abs. 2 EStG. Der Unterschied zum Gewerbebetrieb ist jedoch, dass bei einer selbständigen Arbeit der Einsatz von Kapital gegenüber der geistigen und eigenen Arbeitskraft in den Hintergrund gedrängt wird. Charakteristisch ist die persönliche Arbeitskraft des Berufsträgers. Die Abgrenzung zum Gewerbebetrieb ist oft schwierig, so dass es als zusätzliches Abgrenzungsmerkmal erforderlich ist, dass die zu beurteilende Tätigkeit entweder eine der in § 18 Abs. 1 Nr. 1 bis 3 EStG aufgezählten Berufsarten darstellt oder aber ähnlich zu qualifizieren ist. Die selbständige Tätigkeit unterliegt nicht der Gewerbesteuer.

Einkünfte aus selbständiger Arbeit sind

- nach § 18 Abs. 1 Nr. 1 EStG Einkünfte aus freiberuflicher Tätigkeit,
- nach § 18 Abs. 1 Nr. 2 die Tätigkeit als Einnehmer einer staatlichen Lotterie und
- nach § 18 Abs. 1 Nr. 3 EStG die Tätigkeit aus sonstiger selbständiger Tätigkeit.

Ferner sind auch

- bestimmte Vergütungen an Beteiligte vermögensverwaltender Gesellschaften (§ 18 Abs. 1 Nr. 4 EStG) sowie
- Veräußerungserlöse im Zusammenhang mit selbständiger Tätigkeit (§ 18 Abs. 3 i.V.m. § 16 EStG)

umfasst.

Der wichtigste Anwendungsfall der selbständigen Tätigkeit ist die freiberufliche Tätigkeit. Zwar fehlt eine genaue Definition, in § 18 Abs. 1 Nr. 1 EStG führt der Gesetzgeber jedoch exemplarisch freiberufliche Tätigkeiten auf, wie z.B. die selbständig ausgeübte wissenschaftliche, künstlerische, schriftstellerische, unterrichtende oder erziehende Tätigkeit, sowie einen Katalog von Berufen, deren selbständige Ausübung stets zu freiberuflichen Einkünften führt. Dazu zählen z.B. Ärzte, Steuerberater, Rechtsanwälte, Heilhilfsberufe, Journalisten, Ingenieure oder auch Architekten. Ferner sind auch ähnliche Berufe umfasst.

Grundsätzlich kann sich ein Freiberufler auch fachlich vorgebildeter Mitarbeiter oder Subunternehmer bedienen, ohne seinen freiberuflichen Status zu verlieren, solange er aufgrund eigener Fachkenntnisse leitend und eigenverantwortlich tätig ist (§ 18 Abs. 1 Nr. 1 S. 3 EStG). Die Mithilfe nichtqualifizierter Arbeitskräfte ist unschädlich. Schädlich hingegen ist der größere Einsatz von qualifizierten Arbeitskräften, wie z.B. Laborärzten, Rechtsanwälten, Architekten etc.

Wird ein Freiberufler von mehreren Miterben beerbt, die nicht dieselbe oder eine gleichartige Qualifikation zur Ausübung des freien Berufs besitzen, so nimmt die Rechtsprechung keine „vererbte" freiberufliche Tätigkeit, sondern eine gewerbliche Mitunternehmerschaft an. Das gilt immer dann, wenn die Erbengemeinschaft nicht lediglich das geerbte Unternehmen abwickelt.

### 2.8.3 Einkünfte aus Land- und Forstwirtschaft

Auch für die Einkünfte aus Land- und Forstwirtschaft nach §§ 13 bis 14a EStG müssen die positiven Tatbestandsmerkmale des Gewerbebetriebs aus § 15 Abs. 2 EStG vorliegen. Im Gegensatz zum Gewerbebetrieb umfasst die Landwirtschaft aber nach § 13 Abs. 1 S. 1, 1. Alt. EStG die planmäßige Nutzung der natürlichen Kräfte des Bodens zur Erzeugung und Verwertung von lebenden Pflanzen und Tieren. Forstwirtschaft nach § 13 Abs. 1 S. 1, 2. Alt. EStG ist die planmäßig Nutzung der natürlichen Kräfte des Waldbodens zur Gewinnung von Nutzhölzern und ihre Verwertung im Wege der Holzernte. Weinbau nach § 13 Abs. 1 S. 1, 3. Alt. EStG ist die Gewinnung von Weintrauben durch Bodenbewirtschaftung einschließlich der Verarbeitung der Trauben zu Wein als erste land- und forstwirtschaftliche Verarbeitungsstufe.

Gartenbau nach § 13 Abs. 1 S. 1, 4. Alt. EStG ist die Erzeugung hochwertiger Pflanzen durch Bodenbewirtschaftung.

Einkünfte aus Land- und Forstwirtschaft unterliegen nicht der Gewerbesteuer. Wie jede gewerbliche Tätigkeit kann auch die Tätigkeit als Land- und Forstwirt eine steuerlich unbeachtliche Liebhaberei darstellen, wenn sie dauerhaft verlustbringend oder der privaten Lebensführung zuzurechnen ist (z.B. kostspielige, verlustbringende Pferdezucht).

Die Gewinnermittlung erfolgt durch Betriebsvermögensvergleich, sofern eine Buchführungspflicht nach § 140 AO oder § 141 AO besteht. Andernfalls kann der Gewinn unter den besonderen Voraussetzungen des § 13a EStG entweder nach Durchschnittssätzen oder durch Einnahme-Überschussrechnung ermittelt werden.

### 2.8.4 Gewinnermittlungsmethoden

Einkünfte nach § 2 Abs. 1 S. 1 Nr. 1 bis 3 EStG (d.h. Einkünfte aus Land- und Forstwirtschaft, aus Gewerbebetrieb und aus selbständiger Arbeit) sind der Gewinn. Im Einkommensteuergesetz sind verschiedene Gewinnermittlungsarten vorgesehen, nämlich der Betriebsvermögensvergleich, die

Einnahme-Überschussrechnung, die Besteuerung nach Durchschnittssätzen, und die Tonnagebesteuerung, die nachfolgend erläutert werden.

| | | |
|---|---|---|
| Land- und Forstwirtschaft, §§ 2 Nr. 1, 13 EStG | → | ▪ § 4 Abs. 1 EStG (Betriebsvermögensvergleich)<br>▪ § 4 Abs. 3 EStG (Einnahme-Überschussrechnung)<br>▪ § 13a EStG (Durchschnittssätze) |
| Gewerbebetrieb, §§ 2 Nr. 2, 15 EStG | → | ▪ §§ 5 Abs.1, 4 Abs. 1 EStG (Betriebsvermögensvergleich)<br>▪ § 4 Abs. 3 EStG (Einnahme-Überschussrechnung)<br>▪ § 5a EStG (Tonnagebesteuerung) |
| Selbständige Arbeit, §§ 2 Nr. 3, 18 EStG | → | ▪ § 4 Abs. 1 EStG (Betriebsvermögensvergleich)<br>▪ § 4 Abs. 3 EStG (Einnahme-Überschussrechnung) |

### 2.8.4.1 Betriebsvermögensvergleich, § 4 Abs. 1 EStG

Der Betriebsvermögensvergleich nach § 4 Abs. 1 EStG ist die Hauptform der einkommensteuerlichen Gewinnermittlung, die auch für die Gewinnermittlung nach handelsrechtlichen Grundsätzen (§ 5 Abs. 1 EStG) gilt.

| Gewinnermittlung durch Betriebsvermögensvergleich | | |
|---|---|---|
| § 5 Abs. 1 S. 1, § 4 Abs. 1 EStG | → | Buchführungspflichtige Gewerbetreibende |
| § 4 Abs. 1 EStG | → | Sonstige Unternehmen, die keine buchführungspflichtigen Gewerbetreibende sind |

Nach § 5 Abs. 1 EStG ist bei Kaufleuten, die aufgrund gesetzlicher Vorschriften verpflichtet sind, Bücher zu führen und regelmäßig Abschlüsse zu machen, das Betriebsvermögen (§ 4 Abs. 1 S. 1 EStG) anzusetzen, das nach den handelsrechtlichen Vorschriften ordnungsgemäßer Buchführung auszuweisen ist.

Bei dieser Anlehnung der Steuerbilanz an die Handelsbilanz sind die unterschiedlichen Zwecke der Bilanzen zu betrachten. Während die Handelsbilanz überwiegend dem Gläubigerschutz dient, soll die Steuerbilanz grundsätzlich die Leistungsfähigkeit des Steuerpflichtigen widerspiegeln und dient allein der steuerlichen Betrachtung des Unternehmens. Aufgrund der verschiedenen Ausrichtungen können die Bilanzen daher erheblich voneinander abweichen.

Die Verweisung in § 5 Abs. 1 EStG auf die Handelsbilanz begründet das Maßgeblichkeitsprinzip.

| **Maßgeblichkeitsprinzip** |
|---|
| Handelsrechtliche Vorschriften sind auch im Einkommensteuerrecht verbindlich, soweit sie Grundsätze ordnungsgemäßer Buchführung beinhalten (materielle Maßgeblichkeit - § 5 Abs. 1 S. 1 EStG). |

| **Handelsrecht** | | **Steuerrecht** |
|---|---|---|
| Aktivierungsverbot | → | Aktivierungsverbot |
| Aktivierungspflicht | → | Aktivierungspflicht |
| Aktivierungswahlrecht | → | Aktivierungsgebot |
| Passivierungsverbot | → | Passivierungsverbot |
| Passivierungspflicht | → | Passivierungspflicht |
| Passivierungswahlrecht | → | Passivierungsverbot |

Einschränkungen des Maßgeblichkeitsgrundsatzes ergeben sich aus den speziellen Regelungen des Steuerrechts sowie aus dem Sinn und Zweck steuerrechtlicher Gewinnermittlung sowie aus dem Grundsatz der Gleichmäßigkeit der Besteuerung. Insoweit führen handelsrechtliche Aktivierungswahlrechte zu steuerlichen Aktivierungsgeboten, handelsrechtliche Passivierungswahlrechte führen zu steuerlichen Passivierungsverboten.

Der umgekehrte Maßgeblichkeitsgrundsatz des § 5 Abs. 1 S. 2 EStG, wonach steuerrechtliche Wahlrechte bei der Gewinnermittlung in Übereinstimmung mit der handelsrechtlichen Jahresbilanz auszuüben sind, entfällt ab dem Veranlagungszeitraum 2010.

| **§ 4 Abs. 1 S. 1 EStG definiert den Gewinn wie folgt:** | |
|---|---|
| | Betriebsvermögen am Schluss des Wirtschaftsjahres |
| – | Betriebsvermögen am Schluss des vorangegangenen Wirtschaftsjahres |
| + | Entnahmen |
| – | Einlagen |
| **=** | **Gewinn nach § 4 Abs. 1 EStG** |

> Beispiel:
>
> Das Betriebsvermögen am Ende des Wirtschaftsjahres 02 beträgt bei der Bauunternehmung xy EUR 380.000, während es am Schluss des vorangegangenen Wirtschaftsjahres noch 430.000 EUR betrug. Im Laufe des Jahres wurden für nichtbetriebliche Zwecke 30.000 EUR entnommen, sowie aufgrund eines vorübergehenden Liquiditätsengpasses 10.000 EUR aus privaten Mitteln des Unternehmensinhabers in das Unternehmen eingelegt. Der Gewinn errechnet sich wie folgt:
>
> |   |   |
> |---|---:|
> |   | 380.000 EUR |
> | – | 430.000 EUR |
> | + | 30.000 EUR |
> | – | 10.000 EUR |
> | = | - 30.000 EUR |
>
> Das xy-Unternehmen hat keinen Gewinn, sondern einen Verlust in Höhe von 30.000 EUR erwirtschaftet.

Während § 5 Abs. 1 EStG diejenigen Gewerbetreibenden umfasst, die anderweitig gesetzlich, d.h. nach anderen Gesetzen, verpflichtet sind, Bücher zu führen, wie z.B. nach HGB (erfasst sind darunter ebenfalls Pflichten nach dem Genossenschaftsgesetz oder besondere Gesetze für bestimmte Branchen), wird von § 4 Abs. 1 EStG der Kreis der Unternehmer erfasst, der nach steuerrechtlichen Vorschriften (§§ 140, 141 AO) zur Buchführung verpflichtet ist.

Es kann also bei den gesetzlichen Buchführungspflichten zwischen handelsrechtlichen und steuerrechtlichen Buchführungsverpflichtungen unterschieden werden, die beide zur Gewinnermittlung durch Betriebsvermögensvergleich führen.

Die steuerrechtlichen Vorschriften zur Buchführungspflicht entsprechen mithin nicht den handelsrechtlichen Vorschriften, nehmen jedoch darauf Bezug.

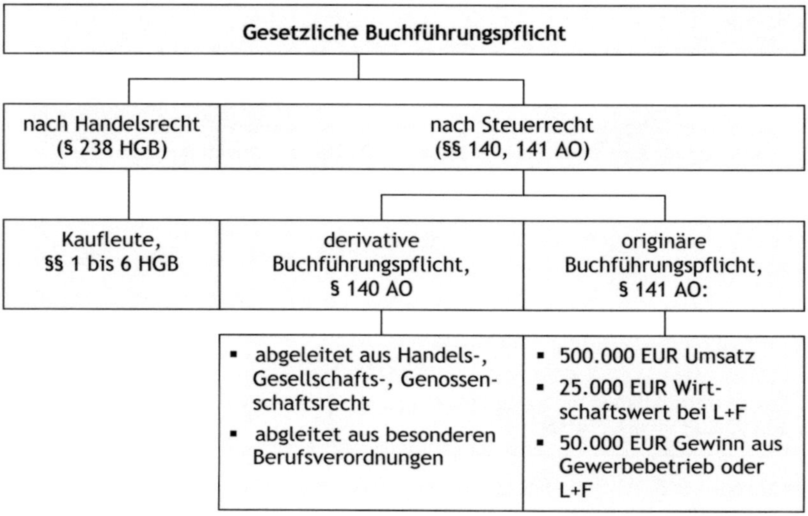


Während nach § 238 HGB Kaufleute zur handelsrechtlichen Buchführung verpflichtet sind, nicht jedoch Freiberufler oder Kleingewerbetreibende, erweitern die steuerrechtlichen Normen diese Regelung (§ 140 AO). Ferner wird darüber hinaus nach § 141 AO eine originäre steuerrechtlich bindende Buchführungspflicht für den Personenkreis begründet, der die Grenzen der o.g. Umsatz- oder Wirtschaftswerte überschreitet.

Die Buchführung muss so beschaffen sein, dass sie einem sachverständigen Dritten innerhalb angemessener Zeit einen Überblick über die Geschäftsvorfälle und die Lage des Unternehmens vermitteln kann. Die Aufbewahrungsfrist der Belege beträgt sechs bzw. zehn Jahre nach § 147 AO.

Steuerpflichtige mit Einkünften aus selbständiger Arbeit (§ 18 EStG – z.B. Freiberufler) und Kleingewerbetreibende sind weder nach Handels- noch nach Steuerrecht zur Buchführung verpflichtet und sind daher von der Gewinnermittlung durch Betriebsvermögensvergleich nicht erfasst.

Führen Steuerpflichtige (auch Selbständige/Freiberufler) freiwillig Bücher, so ist der Gewinn ebenfalls durch Betriebsvermögensvergleich nach § 4 Abs. 1 EStG zu ermitteln (vgl. § 4 Abs. S. 3 S. 1 EStG, R 4.1 EStR).

### 2.8.4.2 Einnahme-Überschuss-Rechnung

Die sogenannte Einnahme-Überschussrechnung ist eine vereinfachte Methode der Gewinnermittlung. Steuerpflichtige, die nicht auf Grund gesetzlicher Vorschriften verpflichtet sind, Bücher zu führen und regelmäßige Abschlüsse zu machen, und auch keine Bücher führen und keine Abschlüsse machen, können den Überschuss der Betriebseinnahmen über die Betriebsausgaben als Gewinn ansetzen (§ 4 Abs. 3 EStG). Diese Regelung zeigt die deutliche Trennung von handelsrechtlichen und steuerrechtlichen Vorschriften. Sie bedeutet, dass (handelsrechtlich) nicht buchführungspflichtige Selbständige ihren Gewinn nach der Einnahme-Überschussrechnung ermitteln können. Aber: sofern sie jedoch freiwillig Bücher führen *[vgl. § 4 Abs. 3 S. 1 EStG: ... und die auch keine Bücher führen ...]*, sind sie steuerrechtlich nicht zur Einnahme-Überschussrechnung berechtigt, sondern müssen den Gewinn durch Bilanzierung ermitteln.

Von § 4 Abs. 3 EStG umfasst sind insbesondere kleine Gewerbe, kleine Land- und forstwirtschaftliche Betriebe, selbständig Tätige, Freiberufler und manche Seeschiffsunternehmen.

**§ 4 Abs. 3 EStG definiert den Gewinn wie folgt:**

| | |
|---|---|
| | Betriebseinnahmen |
| - | Betriebsausgaben |
| = | **Gewinn** |

Die Gewinnermittlung nach § 4 Abs. 3 EStG scheidet für alle Überschusseinkünfte sowie für Buchführungspflichtige nach §§ 140, 141 AO sowie für solche, die freiwillig Bücher führen, aus.

Die Bedeutung der Begriffe Betriebseinnahmen, Betriebsausgaben, Betriebsvermögen, Privatvermögen, Anschaffungskosten, Herstellungskosten, AfA usw. sind bei der Einnahme-Überschussrechnung und dem Betriebsvermögensvergleich identisch.

Es gilt das Zu- und Abflussprinzip, d.h. nicht die Entstehung einer Forderung oder einer Verbindlichkeit führt zu einer Gewinnveränderung, sondern lediglich der tatsächliche Zu- bzw. Abfluss des Geldes. Maßgeblich für die Vereinnahmung oder Verausgabung ist das Kalenderjahr, § 11 EStG. Ferner bleiben Wertschwankungen von Betriebsvermögen, das im Betrieb verbleibt, außer Betracht. Rückstellungen sind nicht zulässig.

Entnahmen oder Einlagen von Sachwerten werden wie Betriebseinnahmen bzw. Betriebsausgaben behandelt, nicht hingegen die Entnahme von Geld, da es ja bereits als Geldfluss (Zufluss) erfasst worden ist. Anzahlungen, Vorauszahlungen etc. sind ebenfalls als Betriebseinnahmen, Absetzungen für Abnutzung von Wirtschaftsgütern hingegen sind als Betriebsausgaben zu behandeln. Durchlaufende Posten, also Gelder, die im Namen und für Rechnung eines anderen vereinnahmt oder verausgabt werden, sind weder Betriebseinnahmen noch Betriebsausgaben, da sie wirtschaftlich nicht zum Betriebsvermögen gehören.

In den einzelnen Perioden können sich erhebliche Gewinnunterschiede zwischen der Einnahme-Überschuss-Rechnung und dem Betriebsvermögensvergleich ergeben, die sich jedoch auf längere Dauer wieder ausgleichen sollen (Gesamtgewinngleichheit).

Der Steuerpflichtige hat die für die Steuererklärung maßgeblichen Belege geordnet aufzubewahren und ein Anlageverzeichnis zu errichten, sofern er über Anlagegegenstände verfügt. Die Aufzeichnungspflichten bei der Gewinnermittlung durch Einnahme-Überschussrechnung sind gegenüber der Gewinnermittlung durch Bilanz vereinfacht.

#### 2.8.4.3 Durchschnittssätze

Nicht nach §§ 140, 141 AO buchführungspflichtige kleine Betriebe der Land- und Forstwirtschaft können ihren Gewinn nach Durchschnittssätzen ermitteln (§ 13a EStG). Es handelt sich hierbei um ein vereinfachtes Verfahren als Kombination aus dem Vermögensbestandsvergleich, sowie Gewinnkorrekturen nach dem Zuflussprinzip. Dabei ist der Durchschnittssatzgewinn nach § 13a Abs. 3 EStG die Summe aus einem pauschalen, nach Hektarwert bemessenen Grundbetrag, Zuschläge für Sondernutzung, einem weiteren gesondert zu ermittelten Gewinn, den vereinnahmten Miet- und Pachtzinsen sowie Kapitalerträgen. Hinsichtlich der detaillierten Auseinandersetzung mit der Besteuerung nach Durchschnittssätzen wird wegen der geringen praktischen Relevanz auf Spezialliteratur verwiesen.

#### 2.8.4.4 Tonnagebesteuerung

Die Tonnagebesteuerung betrifft die Gewinnermittlung bei Handelsschiffen im internationalen Verkehr mit Geschäftsleitung im Inland. Sie bemisst sich nach § 5a EStG und ist dem internationalen steuerlichen Standard angepasst. Sie ist eine nach Nettoraumgröße des Schiffes gestaffelte Pauschalsteuer, bei der kein Verlust entstehen kann. Mithin ist sie vom Erfolg unabhängig. Weitere Einzelheiten zur Tonnagebesteuerung sind in spezieller nationaler und internationaler Steuerliteratur nachzulesen.

### 2.8.5 Abschreibungen

Als Abschreibung wird der Wertverlust von Unternehmensvermögen bezeichnet, der handels- und steuerrechtlich berücksichtigt wird.

Dieser Wertverlust kann durch allgemeine oder durch unvorhergesehene besondere Gründe veranlasst sein. Mitunter werden gesetzgeberische Änderungen bei den steuerlich zulässigen Abschreibungsregelungen benutzt, um z.B. die Investitionsbereitschaft von Unternehmen und damit die Nachfrage anzuregen. Der Effekt der verschiedenen Abschreibungen sind Steuerminderungen im Abschreibungsjahr, so dass sich daraus ein Liquiditätsvorteil ergibt. Das Maximum der gesamten Abschreibung auf ein Wirtschaftsgut ist immer durch den Anschaffungs- oder Herstellungswert begrenzt. Insoweit tritt ein Steuerstundungseffekt ein, der sich allerdings in den folgenden Jahren durch erhöhte Besteuerung ausgleichen kann.

#### 2.8.5.1 Überblick

Anschaffungs- oder Herstellungskosten für abnutzbare Wirtschaftsgüter des Anlagevermögens, die im Unternehmen länger als ein Jahr in Benutzung sind, werden auf die betriebsgewöhnliche Nutzungsdauer verteilt und mithin nach § 6 Abs. 1 Nr. 1 EStG bei der Bewertung berücksichtigt. Geringwertige Wirtschaftsgüter bis zum einem Anschaffungspreis von 1.000 EUR (netto) werden nach besonderen Vorschriften des § 6 Abs. 2 und Abs. 2a EStG bewertet und in diesem Kapitel gesondert dargestellt.

Die betriebsgewöhnliche Nutzungsdauer ist zu schätzen, wobei die amtlichen AfA-Tabellen (AfA bedeutet Absetzung für Abnutzung), die vom BMF unter Beteiligung der Verbände als typisierende Regeln herausgegeben werden, konkrete Anhaltspunkte für durchschnittliche Nutzungsdauern neuer Wirtschaftsgüter liefern. Bei Anschaffung eines gebrauchten Gegenstands ist die Restnutzungsdauer zu schätzen und ebenso zu verfahren.

Die in den AfA-Tabellen angegebenen Nutzungsdauern können durch plausible Einzelfalldarstellungen aber auch verkürzt oder verlängert werden. Die Umstände sind vom Steuerpflichtigen entsprechend darzulegen.

Für den Fall, dass sich die Nutzungsdauer auf höchstens ein Jahr beschränkt (kurzlebige Wirtschaftsgüter), sind die Anschaffungs- oder Herstellungskosten in voller Höhe im ersten Wirtschaftsjahr abzusetzen. Wirtschaftsgüter des Umlaufvermögens sind nicht abschreibungsfähig. Anschaffungskosten sind alle Aufwendungen, die geleistet werden, um den

Vermögensgegenstand zu erwerben, Herstellungskosten sind alle Aufwendungen, die bei der Erstellung des Wirtschaftsgutes anfallen.

Für die Zuordnung eines Wirtschaftsgutes ist ferner die Unterscheidung zwischen beweglichen und unbeweglichen Wirtschaftsgütern von Bedeutung, da die Abschreibungsarten unterschiedlich sind. Die Bemessung der Abschreibungen von Gebäuden erfolgt nach typisierten Prozentsätzen.

Als Anschaffung gilt die Lieferung des Gegenstands. Für Wirtschaftsgüter, die im Laufe eines Jahres angeschafft werden, erfolgt die AfA zeitanteilig (pro rata temporis). Dabei ist auf den vollen Monat aufzurunden. Diese zeitanteilige Abschreibung gilt jedoch nicht für den Sammelposten von geringwertigen Wirtschaftsgütern (§ 6 Abs. 2a EStG). Sofern das Wirtschaftsgut nach Beendigung der Abschreibung noch im Betriebsvermögen vorhanden ist, bleibt es im Regelfall mit einem sog. Erinnerungswert von 1 EUR in der Bilanz stehen, bis es endgültig nicht mehr im Unternehmen genutzt wird.

Das Gesetz sieht verschiedene Abschreibungsmethoden in §§ 7 bis 7k EStG vor, so die Absetzungen für Abnutzungen oder Substanzverringerung (§ 7 EStG), erhöhte Absetzungen und Sonderabschreibungen (§§ 7a, 7b, 7c, 7d, 7f, 7h, 7i, 7k EStG), Investitionsabzugsbeträge und Sonderabschreibungen für kleinere und mittlere Betriebe (§ 7g EStG). Im Rahmen dieser Übersicht werden nachfolgend die wichtigsten Abschreibungsmethoden, d.h. die Absetzung für Abnutzung, Sonderabschreibungen und Investitionsabzugsbeträge dargestellt.

| **Absetzung für Abnutzung** | **Investitionsabzugsbetrag, Sonderabschreibungen** |
|---|---|
| ▪ § 7 Abs. 1, 4 EStG (lineare AfA)<br>▪ § 7 Abs. 2, 5 EStG (degressive AfA)<br>▪ § 7 Abs. 1 S. 6 EStG (LeistungsAfA) | ▪ § 7g Abs. 1 EStG (Investitionsabzugsbetrag)<br>▪ § 7g Abs. 5 EStG (Sonderabschreibungen) |

Hier nicht erwähnte außerordentliche Abschreibungen können bei Vorliegen besonderer Umstände geboten sein, wenn z.B. das Wirtschaftsgut eine andere Nutzung erfährt oder wenn technische oder wirtschaftliche Gründe für eine anderweitige Abschreibung sprechen. Die Gründe sind vom Steuerpflichtigen entsprechend darzulegen.

### 2.8.5.2 Lineare Abschreibung

Die lineare Abschreibung nach § 7 Abs. 1 EStG ist die AfA in gleich bleibenden Jahresbeträgen. Dabei werden die Anschaffungs- oder Herstellungskosten durch die Zahl der voraussichtlichen Nutzungsjahre geteilt und die so berechneten jährlich gleichen Beträge als Aufwand oder Betriebsausgabe angesetzt.

> Beispiel:
>
> G kauft im Oktober 01 eine Maschine für 100.000 EUR, die er betrieblich nutzt. Die betriebsgewöhnliche Nutzungsdauer beträgt 10 Jahre. Daraus ergibt sich, dass er aufgrund des Monatsprinzips im ersten Jahr 2.500 EUR (10.000 / 12 x 3 Monate) abschreibt und jedes weitere Jahr 10.000 EUR. Im letzten Abschreibungsjahr setzt er dann nur noch 7.500 EUR ab. Soll die Maschine mit einem Erinnerungswert von z.B. 1 EUR in den Büchern verbleiben (in der Praxis üblich), schreibt er im letzten Jahr 7.499 EUR ab und bucht diesen Euro dann aus, wenn das Wirtschaftsgut z.B. wegen Verkauf oder Defekt das Unternehmen verlässt.

Lineare Abschreibungen von Gebäuden richten sich nach § 7 Abs. 4 EStG nach typisierten Sätzen abhängig vom Jahr der Anschaffung bzw. Herstellung und einer unterstellten Nutzungsdauer von 33, 40 oder 50 Jahren. Ferner ist von Bedeutung, ob das Gebäude zu Wohnzwecken oder als Wirtschaftsgebäude genutzt wird. Mithin betragen die linearen AfA-Sätze entweder 3%, 2,5% oder 2% der Anschaffungs- oder Herstellungskosten. Bei jedem Eigentumswechsel sind erneut die vorgenannten AfA-Sätze anzuwenden, sofern nicht eine kürzere Nutzungsdauer glaubhaft gemacht wird.

### 2.8.5.3 Degressive Abschreibung

War die degressive Abschreibung 2008 weggefallen, so wurde sie mit dem Konjunkturprogramm 2009 auf zwei Jahre (01.01.2009 bis 31.12.2010) befristet wieder eingeführt. Hiernach kann die Abschreibung für nach dem 31.12.2008 und vor dem 1.1.2011 angeschaffte bewegliche Wirtschaftsgüter auch degressiv, d.h. in fallenden Jahresbeträgen ermittelt werden. Sie beträgt das Zweieinhalbfache des linearen Abschreibungssatzes, maximal aber 25%. Der Wechsel von der degressiven AfA zur linearen AfA ist möglich, nicht jedoch von der linearen AfA zur degressiven AfA (§ 7 Abs. 3 EStG). Bei einem Wechsel zur linearen AfA bemisst sich die Absetzung für Abnutzung vom Zeitpunkt des Übergangs nach dem dann noch vorhandenem Restwert und der Restnutzungsdauer des einzelnen Wirtschaftsgutes.

### 2.8.5.4 Leistungsabschreibung

Nach § 7 Abs. 1 S. 6 EStG kann der Steuerpflichtige statt der AfA in gleichen Jahresbeträgen die AfA nach Maßgabe der Leistung des beweglichen Wirtschaftsgutes (gilt also nicht für Gebäude oder immateriellen Wirtschaftsgüter) vornehmen, wenn es wirtschaftlich begründet ist und er den auf das einzelne Jahr entfallenden Nutzungsumfang nachweist. Der Nachweis kann durch Zählwerke (wie z.B. Fahrtenschreiber, Betriebsstundenzähler, Kilometerzähler) erbracht werden. Die Leistungsabschreibung ist in der Regel dann sinnvoll und auch wirtschaftlich begründet, wenn die Leistung des Wirtschaftsgutes erheblich schwankt (z.B. Fuhrpark einer Spedition) und der Verschleiß dadurch erhebliche Unterschiede aufweist.

Dabei werden die Leistungseinheiten in Verhältnis zur Gesamtleistung gesetzt und daraus die AfA errechnet. In der Praxis wird sie jedoch nicht sehr häufig in Anspruch genommen.

Beispiel:

Ein Wirtschaftsgut mit einer betriebsgewöhnlichen Nutzungsdauer von neun Jahren wird zum Preis von 100.000 EUR angeschafft. Die Leistung der Maschine ist seitens des Herstellers auf 1.000.000 Leistungseinheiten ausgerichtet. Davon werden voraussichtlich im Jahr 01: 20%, im Jahr 02: 5%, in den Jahren 03-06: je 10%, in den Jahren 07 und 08: je 5%, im Jahr 09: 25% verbraucht.

| | Lineare AfA (11,11%) | Degressive AfA (25%) | LeistungsAfA |
|---|---|---|---|
| **AK** | **100.000** | **100.000** | **100.000** |
| AfA 01 | 11.111 | 25.000 | 20.000 |
| **RW** | **88.889** | **75.000** | **80.000** |
| AfA 02 | 11.111 | 18.750 | 5.000 |
| **RW** | **77.778** | **56.250** | **75.000** |
| AfA 03 | 11.111 | 14.063 | 10.000 |
| **RW** | **66.667** | **42.187** | **65.000** |
| AfA 04 | 11.111 | 10.547 | 10.000 |
| **RW** | **55.556** | **31.640** | **55.000** |
| AfA 05 | 11.111 | 7.910 | 10.000 |
| **RW** | **44.445** | **23.730** | **45.000** |
| AfA 06 | 11.111 | 5.933 | 10.000 |
| **RW** | **33.334** | **17.797** | **35.000** |
| AfA 07 | 11.111 | 4.449 | 5.000 |
| **RW** | **22.223** | **13.348** | **30.000** |
| AfA 08 | 11.111 | 3.337 | 5.000 |
| **RW** | **11.112** | **10.011** | **25.000** |
| AfA 09 | 11.111 | 10.010 | 24.999 |
| **EW** | **1** | **1** | **1** |

Der lineare AfA-Satz beträgt mithin 11,11%, der degressive Satz ermittelt sich aus 2,5 x 11,11%, maximal aber 25%, so dass hier 25% zugrunde zu legen sind. Die LeistungsAfA wird individuell für jedes Jahr berechnet.

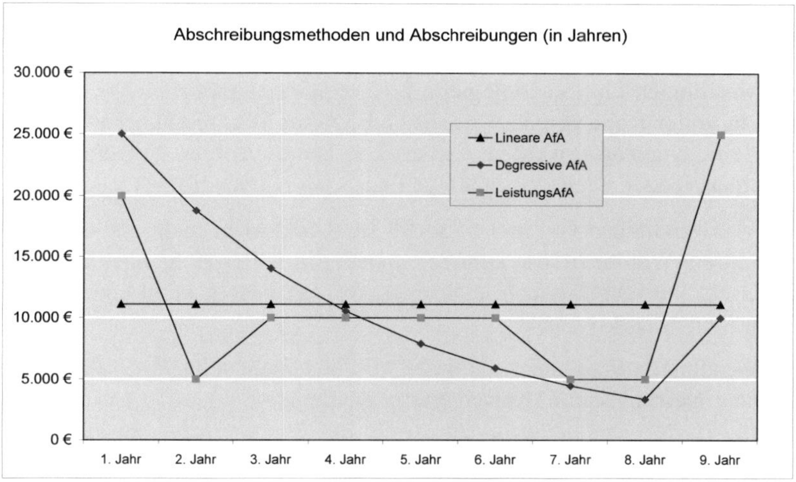


## 2.8.5.5 Geringwertige Wirtschaftsgüter

Die Vorschriften für Geringwertige Wirtschaftsgüter gelten sowohl für diejenigen, die eine Bilanz erstellen, als auch für die Gewinnermittlung durch Einnahme-Überschussrechnung, dagegen nur teilweise für die Überschussrechnung.

Bei sogenannten geringwertigen Wirtschaftsgütern, d.h. abnutzbare bewegliche Wirtschaftsgüter des Anlagevermögens, die einer selbständigen Nutzung fähig sind, sieht der Gesetzgeber zwei Abschreibungsmöglichkeiten nach Wahl vor, nämlich die GWG-Sofortabschreibung und den sog. Sammelposten.

Voraussetzung ist zunächst, dass die abnutzbaren beweglichen Wirtschaftsgüter einer selbständigen Nutzung fähig sind. Sofern das Wirtschaftsgut nach seiner Zweckbestimmung nur zusammen mit anderen technisch aufeinander abgestimmten Wirtschaftsgütern genutzt werden kann, handelt es sich nicht mehr um ein selbständiges Wirtschaftsgut, so dass eine GWG-Abschreibung nicht in Betracht kommt. Das gilt auch dann, wenn das Wirtschaftsgut aus dem betrieblichen Nutzungszusammenhang gelöst und in einen anderen betrieblichen Nutzungszusammenhang eingefügt werden kann, wie z.B. kleinere EDV-Geräte wie Scanner, Drucker oder Festplatten.

Ferner gelten bei den Wertgrenzen für die GWG die Nettogrenzen, d.h. Anschaffungs- oder Herstellungskosten abzüglich der darin enthaltenen Vorsteuer.

Aufwendungen bis 150 EUR netto können im maßgeblichen Wirtschaftsjahr in voller Höhe gemäß § 6 Abs. 2 EStG als Betriebsausgabe gewinnmindernd abgezogen werden. Es bestehen keine weiteren Aufzeichnungspflichten, jedoch ist die buchmäßige Erfassung notwendig.

Für Aufwendungen von mehr als 150 EUR und nicht mehr als 400 EUR besteht ein Wahlrecht. Sie können entweder in voller Höhe nach 6 Abs. 2 EStG als Betriebsausgaben abgezogen werden oder aber in einem Sammelposten erfasst werden.

Aufwendungen vom mehr als 410 EUR und nicht mehr als 1.000 EUR können in einem Sammelposten erfasst werden.

Die Wahl zwischen GWG-Sofortabschreibung und die Bildung des Sammelpostens (auch Poolabschreibung genannt) ist einheitlich für alle im Wirtschaftsjahr angeschafften oder hergestellten Wirtschaftsgüter zwischen 150 EUR und 1.000 EUR zu treffen, sog. wirtschaftsjahrbezogenes Wahlrecht, § 6 Abs. 2a S. 5 EStG. vgl. dazu auch BMF-Schreiben vom 30.09.2010, IV C 6 – S 2180/09/10001.

- **Poolabschreibung / Sammelposten**

Der sogenannte Sammelposten ist kein Wirtschaftsgut, sondern eine Rechengröße als Alternative zu der Absetzung für Abnutzung.

Wenn die Anschaffungs- oder Herstellungskosten den Wert von 150 EUR nicht übersteigen (§ 6 Abs. 2 S. 4, Abs. 2a S. 1 EStG), sind sie sofort als Betriebsausgabe abzugsfähig.

Betragen die Anschaffungskosten mehr als 150 EUR netto aber maximal 1.000 EUR netto, sind sie in einem Sammelposten zusammen zu fassen und einheitlich über fünf Jahre mit jeweils 20% pro Jahr abzuschreiben (Poolabschreibung über 5 Jahre, § 6 Abs. 2a S. 2 EStG). Auf die tatsächliche Nutzungsdauer kommt es dann nicht an. Eine zeitanteilige Abschreibung im Anschaffungsjahr erfolgt nicht, ferner ist eine vorzeitige Vollabschreibung bzw. Verminderung des Sammelpostens beispielsweise wegen Verlust, Diebstahls oder Defektes eines Wirtschaftsgutes nicht möglich, § 6 Abs. 2a S. 3 EStG. Auch der Abgang sämtlicher im Sammelposten erfasster Wirtschaftsgüter, Sonder- und Teilabschreibungen sind nicht möglich. Nachträgliche Anschaffungs- oder Herstellungskosten erhöhen den Sammelposten des Wirtschaftsjahres, in dem die Aufwendungen entstehen. Die bedeutet nicht, dass der Unternehmer gezwungen ist, in diesem Jahr die Sammelpostenregelung auch für die weiteren GWG in Anspruch zu nehmen. Wenn er für die weiteren Wirtschaftsgüter die Poolabschreibung nicht in Anspruch nehmen will, beschränkt sich der Sammelosten lediglich auf die nachträglichen Aufwendungen und nicht auf die übrigen Investitionen.

Bei langlebigen Wirtschaftsgütern von mehr als fünf Jahren führt die Aufnahme in den Sammelposten zu einer früheren Vollabschreibung als bei der regulären AfA. Bei Wirtschaftsgütern mit einer betriebsgewöhnlichen Nutzungsdauer von weniger als fünf Jahren (z.B. Computer) führt die GWG-Abschreibung zu einer gestreckten Auflösung.

- **GWG-Sofortabschreibung**

Abnutzbare bewegliche Wirtschaftsgüter bis 410 EUR, die nach dem 31.12.2009 angeschafft, hergestellt oder in das Betriebsvermögen eingelegt worden sind, können nach Wahl des Unternehmers auch sofort abgeschrieben werden. Beträgt der Nettopreis zwischen 150 Euro und 410 Euro sind die Wirtschaftsgüter unter Angabe des Tags der Anschaffung, Herstellung oder Einlage in einem laufend zu führenden Verzeichnis zu erfassen, es sei denn, diese Angaben sind aus der Buchführung ersichtlich (§ 6 Abs. 2 S. 5 EStG).

Ein Wechsel zwischen den Abschreibungsmethoden der GWG ist nicht zulässig.

Das bedeutet: Wird die Bildung des Sammelpostens gewählt, so gilt das Verfahren für alle angeschafften geringwertigen Wirtschaftsgüter eines Jahres bis 1.000 EUR und ist für alle diese Güter einheitlich anzuwenden. Wird dagegen vom Unternehmer die Sofortabschreibung gewählt, so werden die Wirtschaftsgüter bis 410 EUR sofort abgeschrieben und die über 410 EUR werden mittels Regelabschreibung auf die voraussichtliche Nutzungsdauer abgeschrieben.

Wie eine Abwägung erfolgen kann, zeigt folgendes Beispiel: In einem Unternehmen werden in einem Jahr mehrere geringwertige selbständig nutzbare Wirtschaftsgüter angeschafft. Es handelt sich um einen Personalcomputer (AK: 400 EUR, ND: 3 Jahre), ein Notebook (AK: 400 EUR, ND: 3 Jahre), einen Kopierer (AK: 700 EUR, ND: 7 Jahre), einen Kühlschrank (AK: 1.000 EUR, ND: 10 Jahre), einen Shredder (AK: 600 EUR,

ND: 6 Jahre), ein Handy (AK: 200 EUR, ND: 5 Jahre), ins Summe also 3.300 EUR.

| Art | Abschreibung in EUR pro Jahr | | | | |
|---|---|---|---|---|---|
| Jahr | 1. | 2. | 3. | 4. | 5. |
| Sammelposten | 660 | 660 | 660 | 660 | 660 |
| GWG | 1.300 | 300 | 300 | 300 | 300 |
| Jahr | 6. | 7. | 8. | 9. | 10. |
| Sammelposten | 0 | 0 | 0 | 0 | 0 |
| GWG | 300 | 200 | 100 | 100 | 100 |

Zur Berechnung der Poolabschreibung wird die Gesamtsumme der Wirtschaftsgüter unabhängig von ihrer betriebsgewöhnlichen Nutzungsdauer über fünf Jahre gleichmäßig, d.h. mit 20% abgeschrieben. bei der GWG-Abschreibung werden die Wirtschaftsgüter bis 410 EUR sofort abgeschrieben. Die Wirtschaftsgüter, deren Anschaffungs- oder Herstellungskosten 410 EUR übersteigen, werden nach ihrer betriebsgewöhnlichen Nutzungsdauer gleichmäßig abgeschrieben.

An dieser Berechnung ist zu erkennen, dass die Abschreibungsmethoden zu gänzlich anderen Gewinnauswirkungen führen, so dass dadurch der Gewinn der unternehmerischen Tätigkeit gestaltet und mithin die Liquidität beeinflusst werden kann..

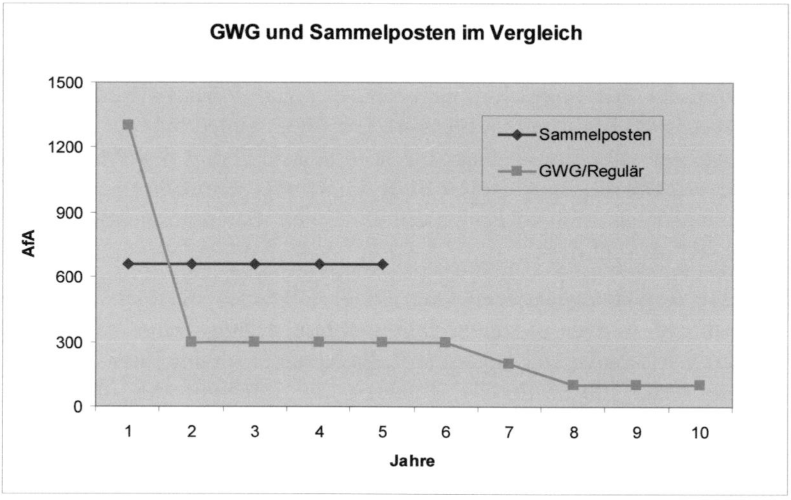

Bei Einkünften aus nichtselbständiger Arbeit, Vermietung und Verpachtung und Kapitalvermögen (also die Überschusseinkünfte) können geringwertige Wirtschaftsgüter bis zu einem Nettoanschaffungswert von 410 EUR im ersten Jahr voll abgeschrieben werden. Die Regelungen zum Sammelposten und das Wahlrecht gelten hier nicht.

#### 2.8.5.6 Investitionsabzugsbetrag

Steuerpflichtige können einen Investitionsabzugsbetrag nach § 7g EStG in Höhe von max. 40% der voraussichtlichen Anschaffungs- und Herstellungskosten eines (neuen oder gebrauchten) abnutzbaren beweglichen Wirtschaftsgutes des Anlagevermögens steuermindernd geltend machen. Es können auch geringwertige Wirtschaftsgüter sein.

Die Vorschrift bezweckt die Verbesserung der Liquidität und Eigenkapitalausstattung kleiner und mittlerer Betriebe. Daher kann der Investitionsabzugsbetrag nur von solchen Betrieben in Anspruch genommen werden, die die in § 7 g Abs. 1 Nr. 1 EStG genannten Größenmerkmale nicht überschreiten.

| | |
|---|---|
| Gewerbebetriebe oder selbständige Arbeit | ▪ Betriebsvermögen max. 335.000 EUR bei Gewinnermittlung durch Betriebsvermögensvergleich<br>▪ Gewinn max. 200.000 EUR bei Gewinnermittlung durch Einnahme-Überschuss-Rechnung |
| Land- und Forstwirtschaft | ▪ Wirtschaftswert max. 175.000 EUR |

Die Investitionsabsicht muss vom Steuerpflichtigen glaubhaft gemacht werden. Sie wird dann angezweifelt, wenn die Investition nicht in das gegenwärtige oder zukünftige Betriebskonzept passt oder aber nicht finanzierbar ist. Ein Investitionsplan oder aber eine feste Bestellung ist jedoch nicht erforderlich.

Die Investition ist innerhalb von drei Wirtschaftsjahren nach der Inanspruchnahme des Abzugsbetrags zu tätigen, andernfalls ist der Investitionsabzugsbetrag rückgängig zu machen. Wenn nicht genau das Wirtschaftsgut angeschafft wird, für das der Abzug vorgenommen wurde, muss der gekaufte Gegenstand zumindest funktionsgleich sein. Ferner muss das Wirtschaftsgut mindestens ein volles Wirtschaftsjahr im Betrieb verbleiben und dort ausschließlich oder fast ausschließlich (d.h. mind. 90%), betrieblich genutzt werden.

Der Höchstbetrag von 40% muss nicht vom Steuerpflichtigen in vollem Umfang ausgeschöpft werden, er kann auch nur einen Teil abziehen oder aber den Abzug über drei Jahre verteilen, mithin einen bereits gewählten Abzug aufstocken. Nach Ansicht des BMF sei eine Aufstockung nicht möglich (BMF-Schreiben v. 8.5.2009 – IV C6-S2139-b/07/1002, BStBl. I 2009, 633). Dieser Meinung stehen m.E. der Wortlaut des Gesetzes und der Sinn der Norm zur Schaffung von Liquidität entgegen. Die Abzugsbeträge können nach einhelliger Ansicht auch dann in Anspruch genommen werden, wenn sich dadurch ein Gesamtverlust ergibt oder erhöht wird.

Der im laufenden und in den drei vorangegangenen Wirtschaftsjahren vorgenommene Investitionsabzugsbetrag darf 200.000 EUR nicht überschreiten, mithin beträgt das höchstmögliche Investitionsvolumen 500.000 EUR.

Der Investitionsabzug sowie auch die eventuelle Rückgängigmachung erfolgen außerhalb der Bilanz. Dabei erfolgt die Rückabwicklung jeweils im Jahr der Inanspruchnahme des Abzugs (nicht etwa, in dem Jahr, in dem feststeht, dass die Investition nicht getätigt wird). Die sich durch die Rückgängigmachung ergebende Steuernachzahlung ist mit 6%/Jahr zu verzinsen (§§ 233a, 238 AO). Um diese Verzinsung zumindest teilweise zu vermeiden, kann eine Berichtigung erfolgen, wenn keine Anschaffung mehr geplant ist.

#### 2.8.5.7 Sonderabschreibungen

Kleinere und mittlere Betriebe, die die Größenmerkmale für den Investitionsabzugsbetrag erfüllen, können eine Sonderabschreibung für (neue oder gebrauchte) abnutzbare bewegliche Wirtschaftsgüter des Anlagevermögens geltend machen. Dazu muss das Wirtschaftsgut im Jahr der Anschaffung und im Folgejahr ausschließlich oder fast ausschließlich betrieblich genutzt werden (mind. 90%). Die Sonderabschreibung kann im Jahr der Anschaffung und in den vier Folgejahren geltend gemacht werden. Der Begünstigungszeitraum beträgt mithin fünf Jahre.

Die Sonderabschreibung beträgt höchstens 20% der Anschaffungs- oder Herstellungskosten und die Art der Verteilung auf den Begünstigungszeitraum steht dem Steuerpflichtigen frei. Neben der Sonderabschreibung kann nur die lineare Abschreibung nach § 7 Abs. 1 EStG vorgenommen werden. Die gleichzeitige Inanspruchnahme der degressiven AfA ist nicht möglich. Am Ende des Begünstigungszeitraums bemisst sich die lineare AfA nach dem Restwert und der Restnutzungsdauer (vgl. § 7a Abs. 9 EStG). Im Ergebnis bewirkt die Sonderabschreibung eine Veränderung des Abschreibungsbetrags insoweit, als am Anfang die Abschreibung steigt und nach dem fünften Jahr der Abschreibungsbetrag neu auf Restwert und Restnutzungsdauer berechnet wird.

Beispiel: Ein Wirtschaftsgut mit einer betriebsgewöhnlichen Nutzungsdauer von neun Jahren wird zum Anschaffungspreis von 100.000 EUR angeschafft. Der lineare AfA-Satz beträgt mithin 11,11%, zusätzlich wird im vierten Nutzungsjahr die Sonderabschreibung in Höhe von 20% geltend gemacht.

Die Abschreibungen erfolgen wie folgt:

| | | | |
|---|---|---|---|
| **AK** | **100.000** | AfA 05 | 11.111 |
| AfA 01 | 11.111 | **RW 05** | **24.445** |
| **RW 01** | **88.889** | AfA 06 | 6.111 |
| AfA 02 | 11.111 | **RW 06** | **18.334** |
| **RW 02** | **77.778** | AfA 07 | 6.111 |
| AfA 03 | 11.111 | **RW 07** | **12.223** |
| **RW 03** | **66.667** | AfA 08 | 6.111 |
| AfA 04 | 11.111 | **RW 08** | **6.112** |
| **SonderAfA** | **20.000** | AfA 09 | 6.111 |
| **RW 04** | **35.556** | **EW** | **1** |

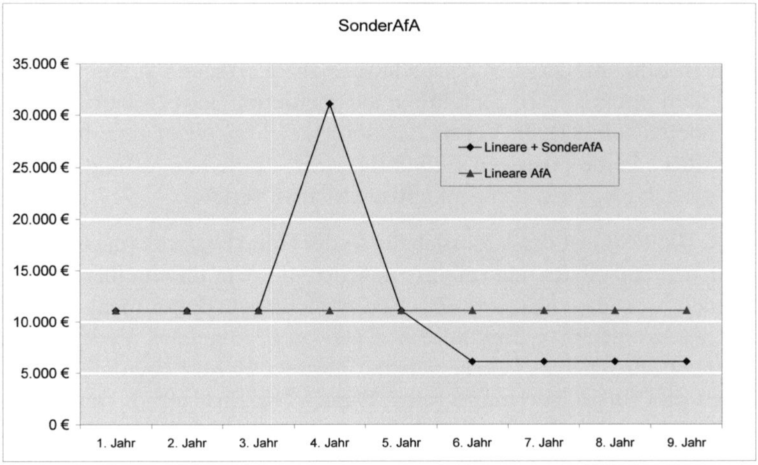

### 2.8.6 Verlustausgleich

Verlustausgleich bedeutet die Verrechnung der positiven mit negativen Einkünften eines Veranlagungszeitraums. Der Verlustausgleich im Verlustentstehungsjahr kann innerhalb der Einkünfte einer Einkunftsart oder zwischen mehreren Einkunftsarten erfolgen.

*(Vorrang der horizontalen vor der vertikalen Verlustverrechnung)*

**Einkunftsarten**

1. Land und Forstwirtschaft
2. Gewerbebetrieb
3. Selbständige Arbeit
4. Nichtselbständige Arbeit
5. Kapitalvermögen
6. Vermietung und Verpachtung
7. Sonstige Einkünfte

Vertikaler Verlustausgleich: zwischen den verschiedenen Einkunftsarten des § 2 Abs. 1 S. 1 Nr. 1 bis 7 EStG

Horizontaler Verlustausgleich: innerhalb einer Einkunftsart des § 2 Abs. 1 S. 1 Nr. 1 bis 7 EStG

Der horizontale Verlustausgleich bedeutet die Verrechnung innerhalb derselben Einkunftsart, also beispielsweise die Verrechnung von negativen Einkünften mit positiven Einkünften aus mehreren Gewerbebetrieben oder aber innerhalb mehrerer Vermietungsobjekte. Erst wenn innerhalb einer Einkunftsart keine positiven Einkünfte mehr verbleiben, erfolgt der Verlustausgleich zwischen den Einkunftsarten, also vertikal.

Nach § 10d EStG ist der Verlustabzug in der Höhe begrenzt (max. 511.500 EUR/1.023.000 EUR) und erfolgt zunächst von dem unmittelbar vorangegangenen Veranlagungszeitraum (Verlustrücktrag). Dabei nicht ausgeglichene weitere negative Einkünfte sind sodann in folgenden Veranlagungszeiträumen abzuziehen (Verlustvortrag), wobei es hier ebenfalls Höchstgrenzen gibt (bis 1 Mio. unbegrenzt, danach lediglich 60%). Der Verlustausgleich gilt nicht für alle Einkünfte, so z. B. nicht für private Veräußerungsgeschäfte (vgl. §§ 22 Nr. 2, § 23 Abs. 3 S. 6 ff. EStG), gewerbliche Tierzucht, Termingeschäfte, Innengesellschaften (vgl. § 15 Abs. 4 EStG) und auch nicht für negative Einkünfte mit Auslandsbezug (vgl. § 2a Abs. 1 EStG).

# 3 Körperschaftsteuer

Die Körperschaftsteuer wurde erstmals durch die Erzbergersche Steuerreform 1920 für nichtnatürliche Personen erhoben. Damals betrug der Körperschaftsteuersatz 10% und stieg bis zum Jahre 1946 auf 65% an. Sodann sank der Steuersatz wieder kontinuierlich und liegt seit dem Veranlagungszeitraum 2008 bei 15%. Verschiedene Systeme hinsichtlich der Besteuerung der Gewinne, die sowohl bei der ausschüttenden Gesellschaft als auch beim Empfänger der Besteuerung unterlagen, wechselten einander ab. Ferner wurde zeitweise zwischen der Besteuerung ausgeschütteter und einbehaltener (thesaurierter) Gewinne unterschieden.

Die Körperschaftsteuer (im Jahre 2008 ca. 16 Mrd. EUR) ist in ihrer Art mit der Einkommensteuer vergleichbar, trifft aber keine natürlichen, sondern allein juristische Personen (vgl. § 1 Abs. 1 und 2 KStG). Wie die Einkommensteuer ist auch die Körperschaftsteuer eine Veranlagungssteuer. Juristische Personen sind nichtnatürliche Personen, die wie natürliche Personen Träger von Rechten und Pflichten sein können. Ihre zivilrechtliche Rechtsfähigkeit begründet damit eine eigene Steuerrechtsfähigkeit. Davon zu trennen ist die Steuerpflicht der Anteilseigner, die in der Regel Gewinnausschüttungen der juristischen Person erhalten. Sie sind unterschiedliche (Steuer-)Rechtssubjekte.

Die Steuer unterliegt der konkurrierenden Gesetzgebung und ihre Erträge stehen Bund und Ländern hälftig zu (Gemeinschaftssteuer). Sie ist eine direkte Ertragsteuer, da die Körperschaft sowohl die Steuerschuldnerin als auch die Steuerträgerin ist. Sie ist eine Jahressteuer, auf die Vorauszahlungen zu leisten sind.

## 3.1 Steuerpflicht

**Körperschaftsteuer**

| Unbeschränkte Steuerpflicht § 1 Abs. 1 Nr. 1-6 KStG | Beschränkte Steuerpflicht § 2 KStG |
|---|---|
| 1. Kapitalgesellschaften<br>2. Genossenschaften<br>3. Versicherungs- und Pensionsvereine<br>4. Sonstige juristische Personen des privaten Rechts<br>5. Nichtrechtsfähige Vereine, Anstalten, Stiftungen und andere Zweckvermögen des privaten Rechts<br>6. Betriebe gewerblicher Art von juristischen Personen des öffentlichen Rechts | 1. Körperschaften, Personenvereinigungen und Vermögensmassen, die weder ihre Geschäftsleitung noch ihren Sitz im Inland haben mit ihren inländischen Einkünften (normale beschränkte Steuerpflicht - § 2 Nr. 1 KStG)<br>2. Sonstige Körperschaften, Personenvereinigungen oder Vermögensmassen, die nicht unbeschränkt steuerpflichtig sind und nicht unter § 2 Nr. 1 KStG fallen, soweit sie inländische Einkünfte haben, die dem Steuerabzug vollständig oder teilweise unterliegen (besondere beschränkte Steuerpflicht § 2 Nr. 2 KStG) |

| unbeschränkte Steuerpflicht (§ 1 Abs. 2 KStG) | Steuerbefreiung (§ 5 KStG) |
|---|---|
| Welteinkommensprinzip (§ 1 Abs. 2 KStG) | Besteuerung der inländischen Einkünfte i.S.d. § 49 EStG |

| Normale beschränkte Steuerpflicht: Besteuerung der inländischen Einkünfte i.S.d. § 49 EStG | Besondere beschränkte Steuerpflicht: Besteuerung inländischer Einkünfte mit Steuerabzug |
|---|---|

Die obige Aufzählung der Steuerpflicht ist abschließend. Hier nicht aufgeführte Wirtschaftsrechtsgebilde unterliegen nicht der Körperschaftsteuer, so also nicht die OHG, die KG und die BGB-Gesellschaft. Die unbeschränkte Steuerpflicht setzt voraus, dass das Unternehmen seinen Sitz oder die Geschäftsleitung im Inland hat.

- Geschäftsleitung:
  Mittelpunkt der geschäftlichen Oberleitung, § 10 AO
- Sitz:
  Der durch Gesetz, Gesellschaftsvertrag, Satzung, Stiftungsgeschäft oder dergleichen bestimmte Ort, § 11 AO
- Inland:
  Gebiet der Bundesrepublik Deutschland sowie der dazugehörige Anteil am Festlandsockel, § 1 Abs. 3 KStG.

Ist dies der Fall, so ist zu prüfen, ob die Körperschaft steuerbefreit ist. Die Steuerbefreiungen sind in § 5 KStG abschließend aufgezählt, so z.B. manche Bundesverbände, das Bundeseisenbahnvermögen, politische Parteien, öffentlich-rechtliche Versorgungseinrichtungen, gemeinnützige Körperschaften, manche Erwerbs- und Wirtschaftsgenossenschaften, öffentlich-rechtliche Forschungseinrichtungen.

Die unbeschränkte Steuerpflicht umfasst das Welteinkommen, d.h. es erfasst sämtliche in- und ausländische Einkünfte, § 1 Abs. 2 KStG.

Die beschränkte Steuerpflicht umfasst lediglich inländische Einkünfte und solche mit Kapitalertragsteuerabzug.

Die gesamten steuerbaren Einkünfte gehen in eine einheitliche Bemessungsgrundlage ein und bilden nach Korrekturen die Grundlage für den Steuertarif.

## 3.2 Beginn und Ende der persönlichen Steuerpflicht

Das Leben einer Kapitalgesellschaft durchläuft mehrere Stufen, die für die Besteuerung von besonderer Bedeutung sind. Nach einem Gründungsbeschluss im Rahmen eines Vorvertrags wird ein notarieller Vertrag geschlossen. Aus der sog. Vorgründungsgesellschaft wird dadurch die Vorgesellschaft. Zivilrechtlich entsteht die juristische Person mit der Eintragung in das Handelsregister. Sie endet mit der Löschung im Handelsregister.

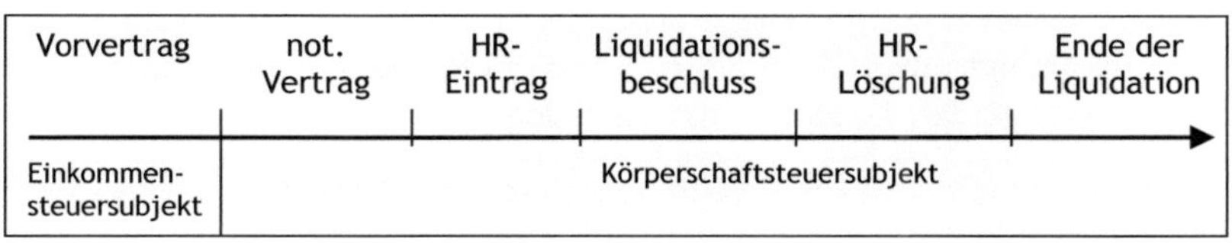


Begriffe:

- Vorgründungsgesellschaft:
  Gründungsphase der Gesellschaft vor Abschluss des notariellen Vertrags.
- Vorgesellschaft:
  Phase der errichteten aber noch nicht eingetragenen Gesellschaft, d.h. nach Abschluss des notariellen Vertrags und vor Eintragung der Gesellschaft in das Handelsregister.

Die Vorgründungsgesellschaft unterliegt als Mitunternehmerschaft nicht der Körperschaftsteuer, sondern der Einkommensteuer. Ab dem Zeitpunkt des Abschlusses des notariellen Vertrags bis zur Handelsregistereintragung wird die Vorgesellschaft als Kapitalgesellschaft nach dem Körperschaftsteuergesetz besteuert, mit Eintrag in das Handelsregister entsteht die Körperschaft als juristische Person, die Körperschaftsteuersubjet ist. Zwischen Abschluss des notariellen Vertrags und Löschung der Gesellschaft im Handelsregister erfolgt mithin die laufende Besteuerung nach dem KStG. Als Ende der Besteuerung reicht aber die Löschung im Handelsregister nicht aus. Es folgt sodann die Liquidationsbesteuerung nach § 11 KStG, die so lange andauert, wie die Gesellschaft noch über bilanzierungsfähige Vermögensgegenstände verfügt. Verlegt die Körperschaft ihren Sitz bzw. die Geschäftsleitung ins Ausland, so endet die unbeschränkte Steuerpflicht.

## 3.3 Bemessungsgrundlage

Die Körperschaftsteuer bemisst sich nach dem zu versteuernden Einkommen. Was als Einkommen gilt und wie das Einkommen zu ermitteln ist, bestimmt sich nach den Vorschriften des Einkommen- und Körperschaftsteuergesetzes, insbesondere nach Maßgabe der §§ 8 ff. KStG, vermindert um die Freibeträge nach §§ 24, 25 KStG. Bei Körperschaften, die zur Buchführung verpflichtet sind, sind alle Einkünfte als Einkünfte aus Gewerbebetrieb zu behandeln. Veranlagungszeitraum ist das Kalenderjahr, Ermittlungszeitraum ist das Wirtschaftsjahr (§ 7 Abs. 3 S. 2 KStG). Bei einem vom Kalenderjahr abweichenden Wirtschaftsjahr ist das Kalenderjahr maßgeblich, in dem das Wirtschaftsjahr endet (§ 7 Abs. 4 S. 2 KStG).

Als ausführliches Berechnungsschema zur Ermittlung des zu versteuernden Einkommens dient R 29 KStR. Es folgt ein vereinfachtes Schema zur Berechnung der tariflichen Körperschaftsteuer:

| **Ergebnis der nach § 60 Abs. 2 EStDV korrigierten Handelsbilanz oder Ergebnis der Steuerbilanz** | |
|---|---|
| +/- | Hinzurechnung/Kürzungen nach einkommensteuerlichen Korrekturen |
| + | Verdeckte Gewinnausschüttungen (§ 8 Abs. 3 S. 2, § 8a KStG) |
| - | Verdeckte Einlagen (§ 4 Abs. 1 S. 5 EStG) |
| + | Nichtabziehbare Aufwendungen (§ 10 KStG, § 4 Abs. 5 EStG, § 160 AO) |
| + | Gesamtbetrag der Spenden (§ 9 Abs. 1 Nr. 2 KStG) |
| +/- | Hinzurechnungen/Kürzungen (§ 8b KStG und § 3c Abs. 1 EStG) |
| = | **Summe der Einkünfte** |
| - | Spendenabzug (§ 9 Abs. 1 Nr. 2 KStG) |

| | |
|---|---|
| = | **Gesamtbetrag der Einkünfte** |
| - | Verlustabzug nach § 8c KStG |
| = | **Einkommen** |
| - | Freibeträge (§§ 24, 25 KStG) |
| = | **Zu versteuernden Einkommen nach KStG** |
| * | Steuertarif (§ 23 Abs. 1 KStG) |
| = | **Tarifliche Körperschaftsteuer** |

### 3.3.1 Handelsbilanz bzw. Steuerbilanz

Kapitalgesellschaften sind Kaufleute (§ 6 Abs. 1 HGB) und damit buchführungspflichtig nach § 238 HGB. Die Gewinnermittlung erfolgt durch Betriebsvermögensvergleich (§§ 5 Abs. 1, 4 Abs. 1 EStG). Sofern keine Steuerbilanz vorliegt, wird vom handelsrechtlichen Ergebnis ausgegangen, das an steuerliche Vorschriften anzupassen ist (vgl. § 60 Abs. 2 EStDV). Die Anpassung erfolgt, da handelsrechtlich jeder Vermögensabfluss zu einer Minderung des Jahresüberschusses der Körperschaft führt, die körperschaftsteuerliche Bemessungsgrundlage aber den steuerlichen Einkünften aus Gewerbebetrieb entsprechen muss. Die Anpassungen an steuerliche Vorschriften beziehen sich vor allem auf Bewertungsunterschiede bei Steuer- und Handelsbilanz, auf unterschiedliche Abschreibungsmöglichkeiten des Anlagevermögens, nichtabziehbare Aufwendungen nach § 4 Abs. 5 EStG sowie weitere Korrekturposten.

### 3.3.2 Verdeckte Gewinnausschüttungen

Gewinnausschüttungen – seien sie offen oder verdeckt – dürfen das körperschaftsteuerliche Einkommen nicht mindern.

Eine offene Verteilung der Gewinnausschüttungen erfolgt entsprechend gesellschaftsrechtlicher Beschlüsse. Erfolgt die Einkünfteverteilung aber ohne gesellschaftsrechtliche Beschlüsse, so ist sie verdeckt und führt i.d.R. zur Ausweisung eines niedrigeren Jahresüberschusses. Zuwendungen an Anteilseigner werden z.B. zu Unrecht als Betriebsausgabe behandelt oder aber es wird auf mögliche Betriebseinnahmen verzichtet. Solche verdeckten Einkommensverteilungen dürfen das Jahresergebnis nicht mindern und werden – sofern sie entdeckt werden – wie offene Ausschüttungen behandelt. Im Rahmen von Betriebsprüfungen wird ganz besonders auf Anzeichen zur verdeckten Gewinnausschüttung geachtet.

Das Gesetz definiert die verdeckte Gewinnausschüttung wie folgt: Eine verdeckte Gewinnausschüttung ist eine Vermögensminderung oder eine verhinderte Vermögensmehrung, die durch das Gesellschaftsverhältnis veranlasst ist und die nicht auf einem entsprechenden Gewinnverteilungsbeschluss beruht (vgl. § 8 Abs. 3 S. 2 KStG; R 36 KStR). Eine Veranlassung durch das Gesellschaftsverhältnis ist auch dann anzunehmen, wenn zwar nicht der Gesellschafter selbst, wohl aber eine ihm nahestehende Person begünstigt wird, so z.B. Ehegatten, Lebenspartner, Kinder, Schwiegerkinder, Eltern; auch juristische Personen kommen als nahestehende Personen in Betracht. Es wird dann vermutet, dass eine mittelbare Zuwendung an den Gesellschafter erfolgen sollte, wenn nicht diese Vermutung durch die Darlegung der konkreten Beziehung der Gesellschaft zur nahestehenden Person widerlegt wird.

Im Verhältnis zwischen Gesellschaft und beherrschendem Gesellschafter ist auch dann von einer Veranlassung durch das Gesellschaftsverhältnis auszugehen, wenn es an einer zivilrechtlich wirksamen eindeutigen, klaren, Vereinbarung darüber fehlt, ob und in welcher Höhe ein Entgelt für eine Leistung des Gesellschafters zu zahlen ist.

Häufige Konstellationen sind Austauschverträge mit einem Gesellschafter, wenn der Wert der Leistung den Wert der Gegenleistung des Gesellschafters übersteigt (vgl. dazu die Fülle von Praxisbeispielen in H 34 KStR). Dabei ist die Höhe des Gesellschaftsanteils des durch die Gewinnausschüttung Begünstigten nicht entscheidend für die Qualifizierung als verdeckte Gewinnausschüttung.

Beispiele:

- Es wird einem Gesellschafter eine besondere monatliche Umsatzvergütung in Höhe von 6.000 EUR gezahlt, die zivilrechtlich nicht vereinbart ist und auf keinem Gewinnverteilungsbeschluss beruht.
- Es werden dem Gesellschafter-Geschäftsführer Überstundenvergütungen oder Vergütungen für Sonn- und Feiertagsarbeit gezahlt, die dem Fremdvergleich nicht standhalten.
- Dem Gesellschafter wird von der Gesellschaft ein zinsloses oder niedrig verzinstes Darlehen gewährt oder es wird bereits bei der Hingabe mit der Uneinbringlichkeit gerechnet.
- Ein Gesellschafter gewährt der Gesellschaft ein Darlehen, bei dem ein überhöhter Zins vereinbart wird.
- Es erfolgt eine Nutzungsüberlassung eines mobilen oder immobilen Gegenstands an den Gesellschafter zu einem zu niedrigeren als marktüblichen Preis.
- Dem Gesellschafter werden besonders unübliche Preisnachlässe gewährt.

Bei der Einzelfallbetrachtung eines Sachverhaltes und seiner Einordnung als verdeckte Gewinnausschüttung ist der Vergleich zu Vereinbarungen maßgeblich, die mit fremden Dritten getroffen worden wären (Fremdvergleich).

Die rechtlichen Folgen bei Aufdeckung: Die verdeckte Gewinnausschüttung bewirkt bei der Gesellschaft eine Hinzurechnung und eine Unterwerfung der Körperschaftsteuer. Sie mindert also nicht das Einkommen der Körperschaft (§ 8 Abs. 3 S. 2 KStG). Die Endsteuerbelastung ist mit Verlusten der Gesellschaft nicht verrechenbar. Ferner hat die Erhöhung auch eine Erhöhung des Gewerbeertrags und damit der Gewerbesteuer zur Folge. Für den begünstigten Gesellschafter stellen verdeckte Gewinnausschüttungen Beteiligungsertrag dar. Es ist eine Vorteilsgewährung aus gesellschaftsrechtlichen Gründen, die keine offene Gewinnausschüttung ist. Üblicherweise wird die Gewinnausschüttung beim Empfänger der Steuer unterworfen, z.B. Einkünfte aus Vermietung und Verpachtung, sonstige Einkünfte o.ä. Durch die Aufdeckung der verdeckten Gewinnausschüttung werden auf der Gesellschafterebene diese Bezüge umqualifiziert zu Einkünften aus Kapitelvermögen nach § 20 Abs. 1 Nr. 1 EStG. Hinsichtlich der Anwendung der Abgeltungssteuer auf die verdeckte Gewinnausschüttung gelten Besonderheiten, vgl. § 32d Abs. 2 Nr. 4 EStG.

### 3.3.3 Verdeckte Einlagen

Eine verdeckte Einlage liegt vor, wenn ein Gesellschafter oder eine nahestehende Person der Gesellschaft außerhalb der gesellschaftsrechtlichen (offenen) Einlagen einen einlagefähigen Vermögensvorteil zuwendet und diese Zuwendung durch das Gesellschaftsverhältnis veranlasst ist (vgl. R 40 KStR).

Beispiele:

- Der Gesellschafter verzichtet auf Pensionsanwartschaftsrechte.
- Zuschuss des Gesellschafters zur Abdeckung eines Bilanzverlustes der Gesellschaft, der als Ertrag verbucht wurde.
- Ein Gesellschafter gewährt der Gesellschaft eine verdeckte Gewinnausschüttung zurück. Da die verdeckte Gewinnausschüttung durch Rückzahlung nicht rückabzuwickeln ist, handelt es sich um eine verdeckte Einlage.
- Aufzahlung eines Aufgelds durch Gesellschafter bei der Ausgabe junger Aktien.
- Gesellschaftsrechtlich bedingter Verzicht des Gesellschafters auf Forderungen gegen die Gesellschaft.
- Gesellschafter einer Kapitalgesellschaft veräußert Waren aus seinem Einzelunternehmen zu einem Vorzugspreis an die Gesellschaft.

Als Einlagen kommen materielle Wirtschaftsgüter aller Art in Betracht bzw. immaterielle Wirtschaftsgüter, die entgeltlich erworben wurden.

Nutzungsvorteile oder unentgeltliche Dienstleistungen erfüllen diese Voraussetzung nicht und sind daher nicht einlagefähig. Offene Zuschüsse werden der Kapitalrücklage des Gesellschafters gutgeschrieben. Es muss sich bei der verdeckten Einlage um einen bilanzierungsfähigen Wert handeln, d.h. der Vermögensvorteil muss zu einem unmittelbaren Ausweis in der Bilanz führen.

Die rechtlichen Folgen bei Aufdeckung: Die Bewertung einer verdeckten Einlage beim Gesellschafter erfolgt unabhängig davon, wie die Einlage bei der Gesellschaft anzusetzen ist. Der Wert auf der Ebene der Gesellschaft richtet sich nach dem Teilwert, der Wert auf der Ebene des Gesellschafters richtet sich nach dem gemeinen Wert zum Zeitpunkt der Einlage.

**Teilwert:**

Teilwert ist der Betrag, den ein Erwerber des ganzen Unternehmens im Rahmen eines Gesamtkaufpreises und unter der Annahme der Unternehmensfortführung für das einzelne Wirtschaftsgut ansetzen würde (§ 10 BewG).

**Gemeiner Wert:**

Der gemeine Wert wird durch den Preis bestimmt, der im gewöhnlichen Geschäftsverkehr nach der Beschaffenheit des Wirtschaftsgutes bei der Veräußerung zu erzielen wäre (§ 9 BewG).

### 3.3.4 Nichtabzugsfähige Aufwendungen

Bei Ermittlung des Einkommens ergänzt § 10 KStG durch die Aufzählung nichtabzugsfähiger Aufwendungen die Generalnorm des § 8 Abs. 1 KStG.

Dabei werden verschiedene Tatbestände unter das Abzugsverbot gestellt:

| | | |
|---|---|---|
| § 10 Nr. 1 KStG | → | Aufwendungen zur Erfüllung satzungsmäßiger Zwecke |
| § 10 Nr. 2 KStG | → | Personensteuern |
| § 10 Nr. 3 KStG | → | Geldbußen und Geldstrafen |
| § 10 Nr. 4 KStG | → | Aufsichtsratsvergütungen |

Nicht abziehbar sind solche Aufwendungen der Kapitalgesellschaft, die als Verwendung des Einkommens anzusehen sind. Dazu zählen insbesondere die Aufwendungen für satzungsmäßige Zwecke, Steuern und Nebenleistungen, Geldstrafen, hälftige Aufsichtsratsvergütungen sowie die nichtabziehbaren Betriebsausgaben § 4 Abs. 5 EStG. Die Aufwendungen, die den Gewinn nach den Vorschriften des Einkommensteuergesetzes nicht mindern dürfen, mindern nach § 8 Abs. 1 S. 1 KStG den Gewinn bei einer

Körperschaft ebenfalls nicht (vgl. hierzu auch die Ausführungen unter 2.6.4).

§ 10 Nr. 1 KStG betrifft das Spannungsverhältnis zwischen Einkommenserzielung und Einkommensverwendung. Bei den Zahlungen für satzungsmäßige Zwecke nach § 10 Nr. 1 KStG handelt es sich um Aufwendungen, die nicht von der Bemessungsgrundlage der Körperschaftsteuer abgezogen werden dürfen. Auch Rückerstattungen von derartigen Aufwendungen sind keine steuerpflichtigen Einnahmen. Insoweit handelt es sich sowohl bei den Aufwendungen als auch bei den evtl. Rückzahlungen um Vorgänge der Einkommensverwendung, die steuerlich unberücksichtigt bleiben. Bedeutung hat diese Vorschrift für Vereine, Stiftungen und Zweckvermögen, da diese Körperschaften einen satzungsmäßig festgelegten Zweck haben.

§ 10 Nr. 2 KStG betrifft bestimmte Steuern, die unter das Abzugsverbot fallen und damit das steuerliche Ergebnis nicht mindern dürfen. Dazu zählen die Steuern vom Einkommen, wie z.B. die Einkommensteuer und der Solidaritätszuschlag, sonstige Personensteuern, wie z.B. die Erbschaftsteuer. Ferner sind dadurch auch steuerliche Nebenleistungen wie Säumniszuschläge, Verspätungszuschläge, Zwangsgelder und Zinsen auf solche Steuern, die unter das Abzugsverbot fallen, erfasst. Das Abzugsverbot gilt ferner auch für ausländische Steuern, soweit sie inländischen Personensteuern entsprechen unabhängig davon, ob die ausländische Steuer im Inland durch DBA anrechenbar ist oder nicht. Abziehbar hingegen sind alle Steuern, die keine Personensteuern sind, wie Umsatzsteuer (mit wenigen Ausnahmen), Lohnsteuer und Grundsteuer.

§ 10 Nr. 3 KStG betrifft Aufwendungen der Körperschaft für Geldstrafen, Nebenstrafen, Auflagen und Weisungen. Als Nebenstrafe kommt z.B. die Einziehung von Vermögensgegenständen der Körperschaft in Betracht. Über die Generalverweisung in § 8 Abs.1 S. 1 KStG sind ebenfalls Geldbußen, Ordnungsgelder, Verwarngelder aus § 4 Abs. 5 Nr. 8 EStG erfasst. Während Geldbußen auch gegen juristische Personen zulässig sind, können Maßnahmen mit individuellem Strafcharakter gegen Körperschaften nicht verhängt werden, teilweise ist dies aber im ausländischen Strafrecht möglich. Nicht vom Abzugsverbot umfasst sind die Verfahrenskosten, so die Gerichts-, Anwalts- oder Gutachterkosten und zwar unabhängig davon, ob die Verteidigung Erfolg hatte oder nicht. Zahlt die Körperschaft die Geldstrafe für einen Dritten, z.B. für einen Anteilseigner, so liegt in der Regel eine verdeckte Gewinnausschüttung vor.

§ 10 Nr. 4 KStG normiert das Abzugsverbot für Aufsichtsratsvergütungen. Danach ist die Hälfte der Vergütungen für Personen, die mit der Überwachung der Geschäftsführung beauftragt sind, nicht abziehbar. Durch das hälftige Abzugsverbot sollen die Aufsichtsratsvergütungen begrenzt werden. Die Vorschrift gilt für alle Körperschaften, die ein solches Überwachungsorgan haben, also auch für Vereine, Stiftungen und Betriebe gewerblicher Art von juristischen Personen des öffentlichen Rechts (vgl. zu den Abzugsverboten R und H 48 bis 50 KStR).

## 3.3.5 Spendenabzug

Summe der Einkünfte

- Spendenabzug unter Berücksichtigung der Höchstbeträge
  - bis zu 20 % des Einkommens oder
  - bis zu 4 ‰ der Summe der Umsätze und der im Kalenderjahr aufgewendeten Löhne und Gehälter

Bei Überschreitung der abzugsfähigen Höchstbeträge evtl. Vortrag in folgende Veranlagungszeiträume

Spenden sind keine Betriebsausgaben. Eine Ausnahme gilt dann, wenn sie betrieblich veranlasst sind, so z.B. zu Werbezwecken oder zur Unterstützung berufsständischer Zielsetzungen.

Der Spendenabzug im Körperschaftsteuergesetz nach § 9 Abs. 1 Nr. 2 KStG ist dem Sonderausgabenabzug nach § 10b EStG ähnlich. Nur bis zu einem Höchstbetrag dürfen Spenden das steuerliche Ergebnis mindern. Systematisch werden dazu zunächst alle Spenden hinzugerechnet und sodann von der Summe der Einkünfte unter Berücksichtigung der Höchstbeträge abgezogen.

Abzugsfähig sind danach Spenden und Mitgliedsbeiträge zur Förderung steuerbegünstigter gemeinnütziger, mildtätiger und kirchlicher Zwecke (§§ 52 bis 54 AO). Nicht abziehbar sind Spenden an politische Parteien, Sportvereine, ausgewählte andere Vereine (z.B. für Tierzucht, Kleingärtner-, Karnevals-, Brauchtumsvereine, vgl. die Aufzählung unter § 52 Abs. 2 Nr. 23 AO).

Die Höchstgrenze der abziehbaren Spenden und Mitgliedsbeiträge sind nach Wahl des Unternehmers entweder 20% des Einkommens oder 4‰ der Summe der gesamten Umsätze und der im Kalenderjahr aufgewendeten Löhne und Gehälter. Sofern höhere Zuwendungen erfolgt sind, können sie erst in den folgenden Veranlagungszeiträumen abgezogen werden.

### 3.3.6 Verlustabzug

Unter Verlustabzug wird der Abzug von in einem Veranlagungszeitraum nicht genutzten Verlusten im folgenden Veranlagungszeitraum verstanden. Nach § 8c KStG wird die Verlustnutzung der Körperschaft davon abhängig gemacht, ob in einem Fünfjahreszeitraum Wechsel bei den Anteilseignern stattgefunden haben.

| Anteilsübertragung | | Verlustabzug |
|---|---|---|
| bis zu 25% | → | Verlustabzug möglich |
| mehr als 25% und weniger als 50% | → | Untergang des Verlustabzugs nach Quote |
| mehr als 50% | → | Kein Verlustabzug möglich |

Der Verlustabzug ist bei einer Anteilsübertragung bis zu 25% möglich, er geht entsprechend der Quote unter, wenn eine Anteils- oder Stimmrechtsübertragung von mehr als 25% und weniger als 50% innerhalb der letzten fünf Jahre stattgefunden hat. Bei einer Anteilsübertragung von mehr als 50% geht der Verlustabzug vollständig unter.

Der Zeitraum von fünf Jahren beginnt mit der ersten Anteilsübertragung nach dem 31.12.2007.

## 3.4 Freibeträge

Die Freibeträge in §§ 24, 25 KStG haben praktisch wenig Bedeutung, da sie nur einigen wenigen unbeschränkt steuerpflichtigen kleinen Körperschaften zugute kommen. EU-Körperschaften sind nicht begünstigt.

Der Betrag von 5.000 EUR kommt z.B. rechtsfähigen und nichtrechtsfähigen Vereinen und Stiftungen, Zweckvermögen und Betrieben gewerblicher Art bei Körperschaften des öffentlichen Rechts zugute; einen Freibetrag in Höhe von 15.000 EUR erhalten Erwerbs- und Wirtschaftsgenossenschaften, sowie Vereine, die Land- und Forstwirtschaft betreiben (vgl. R 72 und 73 KStR mit Beispielen). Kein Freibetrag steht hingegen mittleren und großen gewerblich tätigen Körperschaften, sowie auch Kapitalgesellschaften zu wie GmbH oder AG.

Der Freibetrag ist vom Einkommen abzuziehen, das nach dem Verlustabzug verbleibt und ist durch die Höhe des steuerpflichtigen Einkommens begrenzt. Er kann also nicht einen bereits bestehenden Verlust der Körperschaft erhöhen.

## 3.5 Steuertarif

Der Körperschaftsteuertarif ist als Gegenstand finanz- und wirtschaftspolitischer Gestaltung häufigen Änderungen ausgesetzt. Dies gilt umso mehr, als neben den konjunkturpolitischen Gesichtspunkten zunehmend auch Standortgesichtspunkte im Lichte der Globalisierungsentwicklungen relevant sind.

Eine Übersicht über die Entwicklung der Körperschaftsteuersätze ergibt sich aus nachfolgender Tabelle:

| Veranlagungszeitraum | Ermäßigter Steuersatz | Regelsteuersatz |
|---|---|---|
| 1977-1989 | 50% | 56% |
| 1990-1993 | 46% | 50% |
| 1994-1998 | 42% | 45% |
| 1999-2000 | - | 40% |
| 2001-2002 | - | 25% |
| 2003 | - | 26,5% |
| 2004-2007 | - | 25% |
| ab 2008 | - | 15% |

Der Körperschaftsteuertarif beträgt seit dem Jahre 2008 15% des zu versteuernden Einkommens, § 23 Abs. 1 KStG. Hinzu kommt der Solidaritätszuschlag mit 5,5% der Körperschaftsteuer (§ 4 SolZG 1995). Die Höhe des Körperschaftsteuersteuersatzes gilt unabhängig davon, ob der Gewinn ausgeschüttet oder thesauriert (einbehalten) wird. Im Gegensatz zum Einkommensteuertarif ist der Körperschaftsteuertarif nicht progressiv ausgestaltet.

Die ausschüttende Körperschaft hat von dem Gesamtbetrag der Ausschüttung an die Gesellschafter 25% Kapitalertragsteuer zzgl. evtl. Kirchensteuer und 5,5% Solidaritätszuschlag mit abgeltender Wirkung an das Finanzamt abzuführen (sog. Abgeltungssteuer).

# 4 Gewerbesteuer

## 4.1 Begriffsmerkmale Gewerbebetrieb

Die Gewerbesteuer (im Jahre 2010 ca. 35,7 Mrd. EUR) ist im Gegensatz zur Einkommen- und Körperschaftsteuer keine Personensteuer, sondern eine Objektsteuer (auch Realsteuer genannt), d.h. ihr Steuergegenstand ist das Objekt „Gewerbebetrieb" (vgl. § 2 GewStG). Sie macht damit die Quelle der gewerblichen Einkünfte selbst zum Gegenstand der Besteuerung (also nicht lediglich die Erträge gewerblicher Unternehmen).

Sie wird von den Gemeinden erhoben, die dazu nicht nur berechtigt, sondern seit 2004 auch verpflichtet sind. Im Jahre 2010 lag der durchschnittliche Hebsatz aller Gemeinden für die Gewerbesteuer bei 390%. Ihre verfassungsrechtliche Rechtfertigung ist im Schrifttum umstritten. Sie wird als Gegenleistung für staatliche Maßnahmen zur Erhaltung und Verbesserung der Infrastruktur für gewerblich tätige Unternehmen gerechtfertigt (sog. Äquivalenzprinzip). In vielen Ländern Europas wurde die Gewerbesteuer abgeschafft.

Erstreckt sich ein Gewerbebetrieb auch auf das Ausland, so werden nur die inländischen Betriebsstätten der Gewerbesteuer unterworfen (Territorialitätsprinzip). Eine Unterscheidung zwischen unbeschränkter und beschränkter Steuerpflicht, wie z.B. in der Einkommen- oder Körperschaftsteuer, erfolgt bei der Gewerbesteuer nicht.

Das Gewerbesteuergesetz definiert nicht den Begriff des Gewerbes, sondern lehnt sich an die Definition des Einkommensteuergesetzes an (vgl. § 2 Abs. 1 S. 2 GewStG). Diese Verweisung umfasst sowohl den Begriff des Gewerbebetriebs (§ 15 Abs. 2 EStG), den Umfang der gewerblichen Einkünfte (§ 15 Abs. 1 EStG) als auch die sog. Abfärbe- oder Infektionstheorie (§ 15 Abs. 3 EStG – Einkünfte einer Personengesellschaft, die nur teilweise gewerbliche Tätigkeiten darstellen, sind einheitlich in vollem Umfang als Einkünfte aus Gewerbebetrieb zu qualifizieren). Das GewStG ergänzt diese einkommensteuerrechtlichen Vorgaben (§ 2 GewStG).

Der Begriff des Gewerbebetriebs kann in vier Kategorien eingeteilt werden:

1. § 2 Abs. 1 GewStG: Gewerbebetrieb kraft Tätigkeit i.S.d. § 15 Abs. 2 EStG. Dazu zählen natürliche Personen und Personengesellschaften.

2. § 2 Abs. 2 GewStG: Gewerbebetrieb kraft Rechtsform. Hierzu zählen Kapitalgesellschaften (insbesondere Europäische Gesellschaften, Ak-

tiengesellschaften, Kommanditgesellschaften auf Aktien, Gesellschaften mit beschränkter Haftung), Erwerbs- und Wirtschaftsgenossenschaften und Versicherungsvereine auf Gegenseitigkeit.

3. § 2 Abs. 3 GewStG: Gewerbebetrieb kraft wirtschaftlichen Geschäftsbetriebs. Hierzu zählen sonstige juristische Personen des Privatrechts und nichtrechtsfähige Vereine.

4. § 2 Abs. 1 GewStDV: Gewerbebetriebe von juristischen Personen des öffentlichen Rechts i.S.d. § 4 KStG.

Keine Gewerbebetriebe sind:

- Unternehmen, die Einkünfte aus selbständiger Tätigkeit nach § 18 EStG erzielen,
- Land- und Forstwirtschaft, § 13 EStG,
- Tätigkeiten von Arbeitsgemeinschaften, § 2a GewStG.

Nach Art. 40 VO [EWG] Nr. 2137/85, ABl. EG Nr. L 199 v. 31.7.1985 wird das Ergebnis der Tätigkeit einer Europäischen Wirtschaftlichen Interessenvereinigung (EWIV) nur bei ihren Mitgliedern besteuert.

## 4.2 Steuergegenstand

Steuergegenstand ist der inländische stehende Gewerbebetrieb. Inländisch ist der Gewerbebetrieb dann, wenn eine inländische Betriebsstätte vorhanden ist. Anders als bei der Einkommen- und Körperschaftsteuer gibt es bei der Gewerbesteuer keine Abgrenzung zwischen einer unbeschränkten und beschränkten Steuerpflicht. Stehend ist ein Gewerbebetrieb dann, wenn es sich nicht um ein Reisegewerbe handelt. Für Reisegewerbe gibt es Sonderregelungen in den §§ 35a GewStG, 35 GewStDV, die insbesondere Vorschriften zur hebeberechtigten Gemeinde, sowie der Aufteilung bei dem Wechsel des Gewerbebetriebs zwischen den Gemeinden enthalten.

Beginn und Ende des Gewerbebetriebs und damit des Steuergegenstands werden in der nachfolgenden Tabelle dargestellt. Dabei gilt bei einem Betriebsübergang der Betrieb als durch den bisherigen Unternehmer eingestellt und durch den anderen Unternehmer neu gegründet, d.h. der Steuergegenstand geht nicht auf den Erwerber über (§ 2 Abs. 5 GewStG).

| | Beginn der Steuerpflicht | Ende der Steuerpflicht |
|---|---|---|
| Einzelgewerbe und Personen-gesellschaften | Erfüllung aller Voraussetzungen eines Gewerbebetriebs, R. 2.5 Abs. 1 GewStR 2009 | Einstellung des Betriebs, R. 2.6 Abs. 1 GewStR 2009 |
| Kapital-gesellschaften | Eintragung im Handelsregister, bzw. Aufnahme der Tätigkeit, R. 2.5 Abs. 2 GewStR 2009 | Ende der Liquidation, R. 2.6 Abs. 2 GewStR 2009 |
| Jur. Personen des privaten Rechts und nichtrechtsfähige Vereine | Aufnahme des wirtschaftlichen Geschäftsbetriebs, R. 2.5 Abs. 3 GewStR 2009 | Beginn der Liquidation, R. 2.6 Abs. 3 GewStR 2009 |

Beginn und Ende der Gewerbesteuerpflicht hängt maßgeblich von der Art des gewerblichen Unternehmens ab. Bei Einzelunternehmen und Personengesellschaften müssen zur Annahme des „Beginns“ des Gewerbebetriebs alle Voraussetzungen vorliegen, die für die Aufnahme eines Gewerbebetriebs erforderlich sind (vgl. R. 2.5 Abs. 1 GewStR 2009), Vorbereitungsmaßnahmen wie z.B. die Anmietung von Räumlichkeiten begründen keine Gewerbesteuerpflicht. Auch die Eintragung in das Handelsregister bedeutet allein nicht den Beginn der Gewerbesteuerpflicht, der Gewerbebetrieb muss also in Gang gesetzt werden.

Die Steuerpflicht kraft Rechtsform beginnt mit formaler Vollendung der Rechtsform. Bei einer Kapitalgesellschaft ist die Eintragung im Handelsregister maßgeblich (vgl. R. 2.5. Abs. 2 GewStR 2009), bei Genossenschaften die Eintragung in das Genossenschaftsregister. Bei Versicherungsvereinen auf Gegenseitigkeit ist die aufsichtsbehördliche Erlaubnis zum Geschäftsbetrieb maßgeblich. Die Vorgesellschaft bildet zusammen mit der später eingetragenen Kapitalgesellschaft einen einheitlichen Steuergegenstand. Insoweit wird die Steuerpflicht auch bereits vorher durch die Aufnahme einer nach außen erkennbaren Geschäftstätigkeit ausgelöst. Ab Erlangung der Rechtsform kommt es auf den Umfang der Tätigkeit nicht mehr an, eine Aufnahme der Tätigkeit vor diesem Zeitpunkt löst gleichwohl eine Gewerbesteuerpflicht aus.

Bei sonstigen juristischen Personen des privaten Rechts ist die Aufnahme des wirtschaftlichen Geschäftsbetriebs für die Gewerbesteuerpflicht maßgeblich (R. 2.5 Abs. 3 GewStR 2009).

Das Erlöschen der Steuerpflicht erfolgt bei Einzelgewerbetreibenden und Personengesellschaften mit der tatsächlichen Einstellung des Betriebs (R. 2.6 Abs. 1 GewStR 2009). Die Einstellung liegt nicht erst dann vor, wenn der Betrieb für alle Zeiten aufgegeben wird, eine Aufgabe von gewisser Dauer reicht, wobei die Einstellung nicht von vornherein nur als vorübergehend gedacht sein darf. Die tatsächliche Einstellung ist anzunehmen bei Aufgabe jeder werbenden Tätigkeit oder anderen nach außen tretenden Umständen, wie z.B. die Entlassung von Personal oder Einstellung des Einkaufs.

Bei Kapitalgesellschaften erlischt die Gewerbesteuerpflicht mit Beendigung der Liquidation (R. 2.6 Abs. 2 GewStR 2009), d.h. mit dem Ende jeglicher Tätigkeit der Gesellschaft. Das ist der Zeitpunkt, an dem das Vermögen an die Gesellschafter verteilt worden ist.

Bei sonstigen juristischen Personen endet die Gewerbesteuerpflicht mit der tatsächlichen Einstellung des wirtschaftlichen Geschäftsbetriebs (R. 2.6 Abs. 3 GewStR 2009).

## 4.3 Steuerschuldner

Steuerschuldner der Gewerbsteuersteuer ist nach § 5 Abs. 1 S. 1 GewStG der Unternehmer, während der Steuergegenstand der Gewerbebetrieb selbst ist. Als Unternehmer i.S.d. Gewerbesteuergesetzes gilt derjenige, für dessen Rechnung das Gewerbe betrieben wird. Wird der Gewerbebetrieb im Rahmen einer Personengesellschaft betrieben, so ist nach § 5 Abs. 1 S. 3 GewStG Steuerschuldnerin die Gesellschaft. Nach § 5 Abs. 1 S. 4 GewStG sind die Mitglieder der EWIV Gesamtschuldnerinnen der Gewerbesteuer.

## 4.4 Besteuerung nach dem Gewerbeertrag

Besteuerungsgrundlage für die Gewerbesteuer ist der Gewerbeertrag. Die Bemessungsgrundlage ist der Gewerbesteuermessbetrag, der basierend auf dem Gewinn nach Einkommen- oder Körperschaftsteuergesetz nach Maßgabe des GewStG (Hinzurechnungen und Kürzungen) zu korrigieren ist.

Die Hinzurechnungen nach § 8 GewStG und Kürzungen nach § 9 GewStG haben den Sinn, von dem Gewinn aus Gewerbebetrieb zu dem sog. objektiven Gewerbeertrag zu gelangen. Dieser soll den Gewerbebetrieb mit der ihm eigenen Ertragskraft ohne Rücksicht auf die persönlichen Merkmale des Steuersubjekts und seiner persönlichen Beziehung zum Steuerobjekt spiegeln. Hier zeigt sich ein deutlicher Unterschied zur Einkommensteuer, bei der persönliche Umstände bei der Bemessungsgrundlage und beim Steuertarif berücksichtigt werden.

Die sich aus Hinzurechnungen und Kürzungen ergebende Zwischensumme ist auf volle hundert Euro nach unten abzurunden. Sodann werden bei natürlichen Personen, Personengesellschaften sowie manchen juristischen Personen (nicht aber bei Kapitalgesellschaften wie der GmbH oder AG) Freibeträge abgezogen und sodann der Steuermessbetrag durch die Anwendung eines Prozentsatzes (Steuermesszahl, derzeit 3,5%) auf den abgerundeten und um die Freibeträge gekürzten Gewerbeertrag ermittelt. Auf diesen Steuermessbetrag wendet die Gemeinde ihren individuellen Hebesatz an, so dass sich die festzusetzende Gewerbesteuer daraus ergibt.

| | **Gewinn nach dem Einkommensteuergesetz (§ 7 GewStG)** | **Gewinn nach dem Körperschaftsteuergesetz (§ 7 GewStG)** |
|---|---|---|
| | ↓ | ↓ |
| + | Hinzurechnungen (§ 8 GewStG) | |
| - | Kürzungen (§ 9 GewStG) | |
| - | Abrundungsbetrag (§ 11 Abs. 1 S. 3 GewStG) | |
| - | evtl. Kürzung um einen Freibetrag (§ 11 Abs. 1 S. 3 GewStG) | |
| * | Anwendung der Steuermesszahl (§ 11 Abs. 2 GewStG) | |
| = | **Festsetzung des Steuermessbetrags durch das Betriebsfinanzamt (§ 14 GewStG)** | |
| * | Anwendung des Hebesatzes durch die Gemeinde (§ 16 Abs. 1 GewStG) | |
| = | **Festsetzung der Gewerbesteuer durch die Gemeinde** | |

Der Erhebungszeitraum ist das Kalenderjahr; bei Unternehmen mit abweichendem Wirtschaftsjahr gilt der Gewerbeertrag in dem Jahr bezogen, in dem das Wirtschaftsjahr endet (§ 10 Abs. 2 GewStG). Während die Ermittlung des Gewerbeertrags und die Festsetzung des Steuermessbetrags in der Zuständigkeit des Finanzamtes liegen, erfolgt die Festsetzung der Gewerbesteuer durch die Gemeinde.

### 4.4.1 Einzelne Hinzurechnungen und Kürzungen

Charakteristisch für die Berechnung des Gewerbeertrags sind die Korrekturposten nach §§ 8, 9 GewStG, d.h. die Hinzurechnungen und Kürzungen.

Dem Gewinn aus Gewerbebetrieb nach § 7 GewStG werden Beträge wieder hinzugerechnet bzw. der Gewinn wird um Beträge gekürzt, soweit sie sich bei der Ermittlung des Gewinns entweder gewinnerhöhend oder gewinnmindernd ausgewirkt haben.

Die einzelnen Teilvorschriften sollen im Wesentlichen der Gleichstellung von eigen- und fremdfinanziertem Kapital dienen. Diese Grundvorstellung wird nur unvollkommen in die Tat umgesetzt und daher in der Literatur zu Recht kritisiert. Hinzurechnungen bei Gewinnminderungen bei einem Steuerpflichtigen entsprechen teilweise Kürzungen bei Gewinnerhöhungen bei dem anderen Steuerpflichtigen (z.B. dem Vertragspartner), insbesondere um Doppelbelastungen zu vermeiden.

Es folgen die wichtigsten Hinzurechnungs- und Kürzungsvorschriften:

| **Hinzurechnungen<br>§ 8 GewStG** | | **Kürzungen<br>§ 9 GewStG** |
|---|---|---|
| § 8 Nr. 1 GewStG<br>(Entgelte für Schulden) | | *Keine entsprechende Kürzung* |
| *Keine entsprechende Hinzurechnung* | | § 9 Nr. 1 GewStG (Grundbesitz) |
| § 8 Nr. 10 GewStG<br>(Schachtelgesellschaften) | ↔ | § 9 Nr. 2a, 7, 8 GewStG<br>(Schachtelprivileg) |
| § 8 Nr. 4 GewStG (Tantieme) | ↔ | § 9 Nr. 2b GewStG (Tantieme) |
| *Keine entsprechende Hinzurechnung* | | § 9 Nr. 3 GewStG<br>(ausländische Betriebsstätte) |
| § 8 Nr. 5 GewStG (Dividenden) | | *Keine entsprechende Kürzung* |
| § 8 Nr. 8 GewStG (Verlustanteile aus Mitunternehmerschaften) | ↔ | § 9 Nr. 2 GewStG (Gewinnanteile aus Mitunternehmerschaften) |
| § 8 Nr. 9 GewStG (Spenden) | ↔ | § 9 Nr. 5 GewStG (Spenden) |
| § 8 Nr. 12 GewStG<br>(ausländische Steuern) | ↔ | § 9 Nr. 7, 8 GewStG<br>(Beteiligung an ausländischen Gesellschaften) |

Es sind insbesondere nach § 8 GewStG hinzuzurechnen:

- Ein Viertel der Summe aus verschiedenen Dauerschuldentgelten (so z.B. die Entgelte für Schulden, aus Renten und dauernden Lasten, Gewinnanteilen des stillen Gesellschafters, ein Fünftel der Miet- und Pachtzinsen einschließlich Leasingraten für die Benutzung von beweglichen Wirtschaftsgütern des Anlagevermögens, die Hälfte der Miet- und Pachtzinsen einschließlich Leasingraten für die Benutzung der unbeweglichen Wirtschaftsgüter des Anlagevermögens und ein Viertel der Aufwendungen für die zeitlich befristete Überlassung von Rechten), soweit ihre Summe den Betrag von 100.000 EUR übersteigt (8 Nr. 1 GewStG). Unterhalb dieser Grenze findet keine Hinzurechnung statt.

- Gewinnanteile, die an persönlich haftende Gesellschafter einer Kommanditgesellschaft auf Aktien (KGaA), auf ihre nicht auf das Grundkapital gemachten Einlagen oder als Vergütung (Tantieme) für die Geschäftsführung verteilt worden sind (§ 8 Nr. 4 GewStG). Der Vorschrift korrespondiert § 9 Nr. 2b GewStG als Kürzungsnorm.
- Dividenden, d.h. Gewinnanteile, die ganz oder teilweise einkommen- oder körperschaftsteuerfrei sind, werden in ihren Folgen für die Gewerbesteuer rückgängig gemacht (§ 8 Nr. 5 GewStG), sofern es sich nicht um in- oder ausländische Schachtelbeteiligungen handelt.
- Mitunternehmerische Verlustanteile, d.h. die Anteile am Verlust einer in- oder ausländischen OHG, KG oder anderen als gewerblich anzusehenden Mitunternehmerschaften (§ 8 Nr. 8 GewStG). Die Vorschrift dient der Trennung der Verhältnisse von Gesellschaft und Gesellschafter, wenn die Verluste bei der Ermittlung des Gewinns abgezogen worden sind. § 8 Nr. 8 GewStG bildet mit der Kürzungsvorschrift des § 9 Nr. 2 GewStG einen Regelungskomplex.
- Ausgaben für die nach § 9 Abs. 1 Nr. 2 KStG abziehbaren Spenden (§ 8 Nr. 9 GewStG). Diese Vorschrift dient der Gleichstellung von einkommensteuerpflichtigen und körperschaftsteuerpflichtigen Gewerbetreibenden und normiert mithin eine einheitliche Regelung des Spendenabzugs für alle Rechtsformen von Gewerbebetrieben. Ihr korrespondiert die Kürzungsvorschrift des § 9 Nr. 5 GewStG mit entsprechenden Höchstbeträgen.
- Gewinnminderungen, soweit sie durch Ansatz eines niedrigeren Teilwerts des Anteils an einer Körperschaft, einer Veräußerung oder einer Entnahme solcher Anteile entstanden sind und diese Gewinnminderung einer Kürzung nach §§ 9 Nr. 2a, 7, oder 8 GewStG unterliegt (Schachtelbeteiligungen, § 8 Nr. 10 GewStG).
- Ausländische Steuern (§ 8 Nr. 12 GewStG), soweit die dafür ursächlichen ausländischen Einkünfte entweder nicht im Gewinn enthalten sind oder bei der Gewerbeertragsermittlung vom Gewinn gekürzt werden (z.B. nach § 9 Nr. 7 oder 8 GewStG).

Es sind insbesondere nach § 9 GewStG zu kürzen:

- 1,2 % des Einheitswerts des zum Betriebsvermögen des Unternehmens gehörenden Grundbesitzes, der nicht von der Grundsteuer befreit ist. Bemessungsgrundlage ist der um 40% erhöhte Einheitswert nach § 121a BewG. Hintergrund ist, dass der Grundbesitz im Regelfall von den Gemeinden mit Grundsteuer belastet ist (§ 9 Nr. 1 GewStG).

- Mitunternehmerische Gewinnanteile, d.h. die Anteile am Gewinn einer in- oder ausländischen OHG, KG oder anderen als gewerblich anzusehenden Mitunternehmerschaften (§ 9 Nr. 2 GewStG), wenn die Gewinnanteile bei der Ermittlung des Gewinns (§ 7 GewStG) angesetzt worden sind. Ihr korrespondiert die Hinzurechnungsvorschrift des § 8 Nr. 8 GewStG. Während § 9 Nr. 2 GewStG eine Mehrfachbelastung der Anteile am Gewinn aus Mitunternehmerschaften vermeidet, verhindert § 8 Nr. 8 GewStG eine Mehrfachberücksichtigung von Verlustanteilen.
- Gewinne, die aus inländischen Kapitalgesellschaften und gleichgestellten Gesellschaften stammen, wenn die Beteiligung zu Beginn des Erhebungszeitraums mindestens 15% beträgt (§ 9 Nr. 2a GewStG, sog. Schachtelbeteiligung). Die Vorschrift dient zur Vermeidung der gewerbesteuerlichen Doppelbelastung ausgeschütteter Gewinne beim Anteilseigener und bei der Kapitalgesellschaft. Das Schachtelprivileg dient für Beteiligungserträge, die als Ausschüttung oder als steuerbare Liquidationsrate vereinnahmt werden. Eine korrespondierende Hinzurechnung ist in § 8 Nr. 10 GewStG normiert. Die Kürzungsregelungen für Beteiligungen an ausländischen Gesellschaften ergeben sich aus § 9 Nr. 7 und 8 GewStG.
- Die nach § 8 Nr. 4 GewStG dem Gewerbeertrag einer KGaA hinzugerechneten Gewinnanteile (Tantiemen die an persönlich haftende Gesellschafter verteilt worden sind (§ 9 Nr. 2b GewStG), wenn sie bei der Ermittlung des Gewinns angesetzt worden sind. Hierdurch wird die Doppelbelastung der Anteile einer KGaA vermieden (ebenso wie § 9 Nr. 2 GewStG dies für Gewinnanteile an Mitunternehmerschaften vorsieht), wenn der persönlich haftende Gesellschafter einen Gewerbebetrieb unterhielt oder kraft Rechtsform der Gewerbesteuer unterlag. Die Kürzung können sowohl natürliche als auch juristische Personen in Anspruch nehmen. Aktionäre hingegen sind nicht begünstigt.
- Der Teil des Gewerbeertrags eines inländischen Unternehmens, der auf eine ausländische Betriebsstätte entfällt (§ 9 Nr. 3 GewStG). Hintergrund dieser Vorschrift ist die rechtssystematische Begrenzung des Steuergegenstands nach § 2 Abs. 1 S. 1 und 3 GewStG auf inländische Gewerbebetriebe. Die Kürzungsnorm hat letztendlich vor allem eine klarstellende Bedeutung, da der ausländische Teil eines Betriebs nicht mehr zum Steuergegenstand der GewSt gehört.

- Spenden zur Förderung steuerbegünstigter Zwecke (§§ 52 bis 54 AO), die aus Mitteln des Gewerbebetriebs geleistet worden sind. § 9 Nr. 5 GewStG ist mit der Regelung in § 10b EStG vergleichbar. Diese Vorschrift basiert darauf, dass zunächst die Spenden nach § 8 Nr. 9 GewStG hinzugerechnet wurden und damit den Gewerbeertrag erhöht haben. Die Kürzung beträgt maximal 20% des um die Spenden erhöhten Gewinns aus Gewerbebetrieb oder 4 ‰ der Summe der gesamten Umsätze und der im Wirtschaftsjahr aufgewendeten Löhne und Gehälter. Sind die Spenden höher, können sie in die folgenden Erhebungszeiträume vorgetragen werden. Die Regelung entspricht der Regelung im Körperschaftsteuergesetz (§ 9 Abs. 1 Nr. 2 KStG).
- Gewinnanteile aus Beteiligungen an ausländischen Kapitalgesellschaften, soweit die Beteilung mindestens 15% beträgt (§ 9 Nr. 7 GewStG) und sie nach § 7 GewStG gewinnerhöhend angesetzt worden sind. Es genügt auch eine mittelbare Beteilung über eine inländische Personengesellschaft. Für andere ausländische Gesellschaften ist eine Kürzung nach § 9 Nr. 8 GewStG möglich. Die Vorschriften bewirken eine weitgehende Gleichstellung von ausländischen und inländischen Schachtelbeteiligungen (vgl. hierzu § 9 Nr. 2a GewStG) mit dem Hintergrund, Doppelbesteuerungen bei der Belastung mit Gewerbesteuer zu vermeiden bzw. zu vermindern. Die korrespondierenden Hinzurechnungen nach § 8 Nr. 10 und 12 GewStG sind zu beachten.

Der Gewerbeertrag ist die Grundlage für die Anrechnung eines evtl. zuvor erlittenen Verlustes, für die Abrundung auf volle hundert Euro und für die Anwendung der Steuermesszahl.

### 4.4.2 Gewerbeverlust

Abhängig von äußeren oder inneren Faktoren erwirtschaftet ein Unternehmen in manchen Jahren Gewinne und in anderen Jahren Verluste. In den Verlustjahren besteht ein Interesse daran, diese Verluste in ein oder mehrere Gewinnjahre einfließen zu lassen.

Im Gewerbesteuergesetz wird dies wie folgt berücksichtigt: Ergibt sich aus dem Gewerbeertrag ein Fehlbetrag, so handelt es sich um einen Verlust, der unbegrenzt vortragsfähig ist (§ 10a GewStG). Bis zu einer Million Euro werden frühere Fehlbeträge vollständig gekürzt. Der eine Million Euro übersteigende maßgebliche Gewerbeertrag ist bis zu 60% der nicht berücksichtigten Fehlbeträge zu kürzen. Die Höhe der vortragsfähigen Fehlbeträge ist vom Finanzamt gesondert festzusetzen (§ 10a S. 6

GewStG). Es handelt sich dabei um einen Grundlagenbescheid (Verwaltungsakt nach § 179 AO), gegen den der Einspruch als außergerichtlicher Rechtsbehelf gegeben ist (§ 351 Abs. 2 AO).

Der negative Gewerbeertrag (Verlust) ist nicht zu verwechseln mit einem Bilanzverlust, der gewerbesteuerliche Verlust ist der Wert, der sich allein aus den Hinzurechnungen und Kürzungen des GewStG ergibt.

Voraussetzung für den Vortrag eines Gewerbeverlustes ist die Unternehmensidentität und die Unternehmeridentität.

Unternehmensidentität bedeutet, dass der im Anrechnungsjahr bestehende Gewerbebetrieb derselbe ist wie der Betrieb, der den Fehlbetrag (Verlust) erwirtschaftet hat. Es kann bei Vorliegen mehrerer Gewerbebetriebe eines Unternehmers der Gewerbeverlust nicht auf einen anderen Betrieb übertragen werden. Insoweit ist die Änderung der Rechtsform von besonderer Bedeutung und u.U. nachteilig für die Geltendmachung eines Verlusts.

Unternehmeridentität bedeutet, dass der Unternehmer, der im Anrechnungsjahr die Kürzung in Anspruch nimmt, derselbe ist, der den Fehlbetrag zuvor getragen hat (vgl. § 10a S. 8 GewStG). Insoweit ist der Gewerbeverlust bei Inhaberwechsel im Einzelunternehmen – sei es entgeltlich oder unentgeltlich, als testamentarische oder gesetzliche Erbfolge – nicht anrechnungsfähig beim nachfolgenden Unternehmer. Bei Wechsel zu personenidentischen Personengesellschaften ist Unternehmeridentität anzunehmen sowie auch beim Wechsel einer Personengesellschaft zu einem Einzelunternehmer. In Höhe seines Gewinnanteils kann er den anteiligen Verlust auf das Einzelunternehmen anrechnen. Eine Rechtsformänderung einer Körperschaft steht der Unternehmeridentität grundsätzlich entgegen.

### 4.4.3 Abrundung und Freibetrag

Der sich aus den Hinzurechungen und Kürzungen ergebene Gewerbeertrag wird zunächst auf volle hundert Euro nach unten abgerundet (§ 11 Abs. 1 S. 3 GewStG) und sodann der Freibetrag abgezogen. Dabei haben natürliche Personen und Personengesellschaften einen Freibetrag von 24.500 EUR, nichtrechtsfähige Vereine und Unternehmen von juristischen Personen des öffentlichen Rechts einen niedrigeren Freibetrag von 5.000 EUR (§ 11 Abs. 1 Nr. 1 und 2 GewStG). Andere Unternehmen wie z.B. Kapitalgesellschaften haben keinen Freibetrag.

Die Steuermesszahl für den Gewerbeertrag beträgt 3,5% (vgl. § 11 Abs. 2 GewStG).

### 4.4.4 Festsetzung der Gewerbesteuer/Verfahren

Der Gewerbeertrag, der nach Hinzurechnungen und Kürzungen ermittelt wurde, bildet die Grundlage für den Steuermessbetrag, den das Finanzamt am Ende des Erhebungszeitraums (Kalenderjahr, vgl. § 14 S. 2 GewStG) festsetzt.

Der Steuermessbetrag errechnet sich durch die Anwendung eines Prozentsatzes (Steuermesszahl) auf den Gewerbeertrag.

| Gewerbeertrag x Steuermesszahl = Steuermessbetrag |
|---|

Zuständig ist das Betriebsfinanzamt, d.h. das Finanzamt in dessen Bezirk sich die Geschäftsleitung (bzw. bei ausländischen Betrieben eine Betriebsstätte) befindet.

Bis zum Erhebungszeitraum 2007 wurden Einzelunternehmen und Personengesellschaften gegenüber Kapitalgesellschaften durch den sog. Staffeltarif bevorzugt. Diese Regelung gilt nun nicht mehr. Seit 2008 ist der Staffeltarif abgeschafft und die Steuermesszahl insgesamt von 5% auf 3,5% gesenkt worden. Mit dieser Messzahl wird der Gewerbeertrag multipliziert und ergibt so den Gewerbesteuermessbetrag.

Während die Ermittlung und Festsetzung des Gewerbesteuermessbetrags den Finanzämtern obliegt, sind die Gemeinden für die Festsetzung der Gewerbesteuer zuständig. Insoweit besteht das Verfahren zur Festsetzung der Gewerbesteuerschuld aus zwei Komponenten:

1. Die Erstellung des Gewerbesteuermessbescheids durch das Betriebsfinanzamt. Hierbei stellt das Finanzamt verbindlich fest, dass ein bestimmter Gewerbebetrieb gewerbesteuerpflichtig ist, wie hoch der einheitliche Gewerbesteuermessbetrag ist, welcher Gemeinde die Gewerbesteuer zusteht.
2. Der durch die Gemeinde zu erlassene Gewerbesteuerbescheid.

Gegen diesen Gewerbesteuermessbescheid kann der Steuerpflichtige Einspruch nach § 347 AO beim Finanzamt einlegen.

Auf Grundlage des Gewerbesteuermessbescheids, den das Betriebsfinanzamt als Grundlagenbescheid erlässt, setzt die Gemeinde durch Gewerbesteuerbescheid die konkret zu zahlende Gewerbesteuer fest. Dagegen kann der Steuerpflichtige Widerspruch bei der Gemeinde einlegen.

Will der Steuerpflichtige sowohl gegen die Grundlagen der Besteuerung durch das Betriebsfinanzamt als auch gegen die Höhe der Besteuerung rechtlich vorgehen, muss er gegen beide Verwaltungsakte Rechtsmittel einlegen. Es handelt sich daher um zwei Verfahren, die der Steuerpflichtige führen muss – ein Verwaltungsverfahren gegen die Gemeinde und ein Finanzverfahren gegen das Finanzamt.

Für den Fall, dass ein Gewerbebetrieb seine Betriebsstätten in mehreren Gemeinden unterhält, bzw. sich eine Betriebsstätte über die Gemeindegrenzen hinweg erstreckt, ist der Gewerbesteuermessbetrag zu zerlegen (§§ 28 ff. GewStG). Zerlegung bedeutet, dass der Gewerbesteuermessbetrag für die auf die einzelne Gemeinde entfallenden Anteile festgestellt wird. Dies gilt auch für die Fälle, in denen die Betriebsstätte innerhalb des Erhebungszeitraums von einer Gemeinde in eine andere Gemeinde verlegt worden ist. Die betroffenen Gemeinden erheben sodann lediglich den ihr zustehenden Anteil an der Gewerbesteuer.

### 4.4.5 Steuerermäßigung bei der Einkommensteuer

Die gezahlte Gewerbesteuer stellt keine Betriebsausgabe bei der Berechnung der Bemessungsgrundlage für die Gewerbesteuer dar. Sie ist ebenfalls keine Betriebsausgabe bei der Einkommensteuer. Allerdings ermäßigt sich die Einkommensteuer bei Einkünften aus Gewerbebetrieb nach § 35 EStG, soweit sie sich anteilig auf gewerbliche Einkünfte bezieht. Mithin werden nur positive und keine negativen Einkünfte berücksichtigt und die Ermäßigung bei verschiedenen Einkunftsarten nur insoweit gewährt, als sie dem Verhältnis der gewerblichen Einkünfte zu anderen Einkünften entspricht. Keine Steuerermäßigung wird bei der Körperschaftsteuer gewährt.

Zur Berechnung werden zunächst die im zu versteuernden Einkommen enthaltenden gewerblichen Einkünften ermittelt. Abzugsfähig ist das 3,8fache des Gewerbesteuermessbetrags höchstens aber die tatsächlich gezahlte Gewerbesteuer.

Der Ermäßigungshöchstbetrag bei Einkünften aus unterschiedlichen Einkunftsarten ist wie folgt zu ermitteln:

$$\frac{\text{Summe der positiven gewerblichen Einkünfte x geminderte tarifliche Steuer}}{\text{Summe aller positiven Einkünfte}}$$

Hat der Steuerpflichtige also beispielsweise positive und negative Einkünfte aus verschiedenen Gewerbebetrieben oder aber Einkünfte aus Gewerbebetrieb, selbständiger Arbeit oder Vermietung und Verpachtung, so werden die negativen Einkünfte (im Quotient) nicht berücksichtigt (vgl. Beispiel bei R 35 EStR sowie BMF-Schreiben v. 24.2.2009 – IV C 6 – S 2296-a/08/10002, BStBl. I 2009, 440 mit Berechnungsbeispielen).

# 5 Umsatzsteuer

Die Umsatzsteuer ist eine der größten Geldquellen des Staates. Sie beträgt ca. 30% des Gesamtsteueraufkommens (im Jahre 2009 ca. 175 Mrd. EUR).

Die Gesetzgebungskompetenz liegt beim Bund (Art. 105 Abs. 2 GG), das Steueraufkommen steht dem Bund und den Ländern gemeinsam zu, Art. 106 Abs. 3 GG (Gemeinschaftssteuer), die Gemeinden erhalten einen Teil der Umsatzsteuer von ihrem Bundesland. Die Verwaltung der Steuer erfolgt durch die Länder (Art. 108 Abs. 2 GG). Die Umsatzsteuer knüpft in ihrem Steuergegenstand an den Warenverkehr an, daher wird sie auch als Verkehrsteuer bezeichnet. Lediglich technisch wird die Umsatzsteuer von dem Unternehmen abgeführt, das die Leistung erbringt und die Umsatzsteuer vereinnahmt. Wirtschaftlich wird die Umsatzsteuer vom Endverbraucher getragen, der die Waren oder sonstigen Leistungen verbraucht; daher wird sie auch als Verbrauchsteuer bezeichnet.

Die Bemessungsgrundlage richtet sich nach den Aufwendungen des Verbrauchers für den Leistungsbezug, d.h. in der Regel also der Kaufpreis. Unternehmer werden durch den Vorsteuerabzug entlastet. Befreiungsvorschriften zielen auf die Entlastung der jeweiligen Leistungsempfänger.

Da die Umsatzsteuer von dem Unternehmer als Steuerschuldner an die Finanzbehörde als Steuergläubigerin abgeführt wird, aber wirtschaftlich den Endverbraucher trifft, ist sie eine indirekte Steuer (im Gegensatz zur Einkommensteuer).

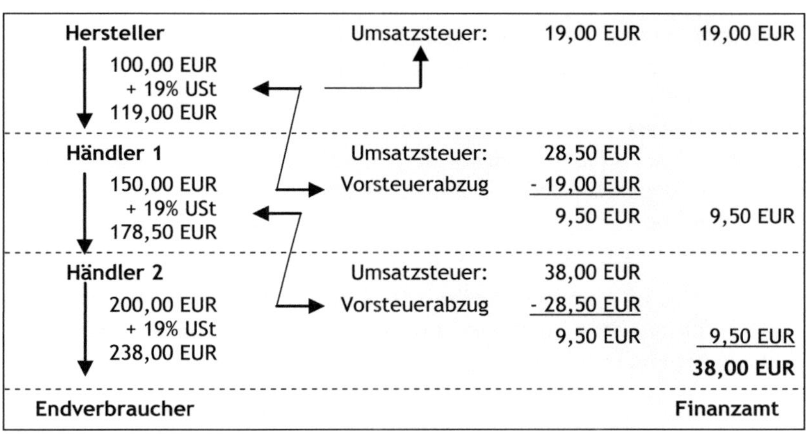

Die Umsatzsteuervorschriften sind innerhalb des Europäischen Binnenmarktes weitgehend harmonisiert (vgl. Art. 93 EGV / Art. 113 AEUV). Hintergrund ist die Schaffung von gleichen Wettbewerbsbedingungen auf dem gemeinsamen Markt und Vermeidung von Wettbewerbsverzerrungen durch unterschiedliche umsatzsteuerliche Regelungen. Nicht harmonisiert wurden bisher die Steuersätze der Mitgliedstaaten. Die Umsatzsteuer ist eine proportionale Steuer, die im Rahmen des Europäischen Binnenmarktes einheitlich lediglich die Umsätze im Land des leistenden Unternehmens besteuert (Ursprungslandprinzip).

## 5.1 Struktur der Umsatzsteuer

Steuergegenstand<br>(§§ 1 bis 3g UStG)

↓

Steuerbefreiungen und<br>Steuervergütungen<br>(§§ 4 bis 9 UStG)

↓

Bemessungsgrundlagen<br>(§§ 10 und 11 UStG)

↓

Steuer und Vorsteuer<br>(§§ 12 bis 15a UStG)

↓

Durchführung der Besteuerung<br>(§§ 16 bis 22e UStG)

Der Schwerpunkt der Prüfungsstruktur der Umsatzsteuer liegt in der Prüfung des Steuergegenstands und mithin der Steuerbarkeit. Grundsätzlich führen Umsätze im Sinne des § 1 Abs. 1 UStG zur Steuerpflicht, wenn nicht der Umsatz ausnahmsweise von der Steuer befreit ist. Die Bemessungsgrundlage ist das Entgelt für den Umsatz, worauf die beiden Steuersätze (Regelsteuersatz und ermäßigter Steuersatz) anzuwenden sind. Die Steuerschuld des Unternehmers ist die um die Vorsteuer verminderte und abzuführende Umsatzsteuer.

Ferner werden im UStG Gebietsbegriffe benutzt, die einer näheren Erläuterung bedürfen. Zu nennen sind die Begriffe Inland, Ausland, Gemeinschaftsgebiet und Drittland.

| | Gemeinschaftsgebiet (§ 1 Abs. 2a S. 1 UStG) | Drittlandsgebiet (§ 1 Abs. 2a S. 3 UStG) |
|---|---|---|
| **Inland** (§ 1 Abs. 2 S. 1 UStG) | Hoheitsgebiet der Bundesrepublik Deutschland mit Ausnahme der Sondergebiete | |
| **Inländische Sondergebiete** (§ 1 Abs. 2 S. 1 UStG) | | spezielle Sondergebiete wie z.B. Büsingen, Helgoland, Freihäfen |
| **Ausland:** (§ 1 Abs. 2 S. 2 UStG) | Übriges Gemeinschaftsgebiet | alle anderen Staaten, die nicht dem Gemeinschaftsgebiet angehören |

Sofern ein Umsatz im Inland ausgeführt ist, sind persönliche Merkmale des Unternehmers wie z.B. Staatsangehörigkeit, Wohnsitz oder Aufenthalt unbeachtlich.

## 5.2 Steuergegenstand

Auch bei der Umsatzsteuer ist zwischen steuerbaren und nicht steuerbaren Vorgängen zu unterscheiden.

**Umsatzsteuer**

| nicht steuerbar | steuerbar |
|---|---|
| ↓ | ↓ |
| Umsätze, die nicht von einem Unternehmer im Rahmen seines Unternehmens ausgeführt werden (Ausnahme: private Fahrzeuglieferung, § 2a UStG) | Lieferungen und sonstige Leistungen, die ein Unternehmer im Inland gegen Entgelt im Rahmen seines Unternehmens ausführt (§ 1 Abs. 1 Nr. 1 UStG). |
| Drittlandsumsätze | Einfuhr von Gegenständen im Inland sowie in Jungholz und Mittelberg (Österreich) (§ 1 Abs. 1 Nr. 4 UStG). |
| | Innergemeinschaftlicher Erwerb im Inland (§ 1 Abs. 1 Nr. 5 UStG). |
| ↓ | ↓ steuerpflichtig / ↓ steuerfrei |
| Folge: Vorgang wird nicht durch Regelungen des UStG erfasst | steuerpflichtig \| steuerfrei |

Steuerbare Umsätze können entweder steuerpflichtig oder steuerfrei sein, z.B. steuerfrei, wenn eine Befreiungsvorschrift nach § 4 UStG eingreift. Nicht steuerbare Umsätze haben umsatzsteuerrechtlich keinerlei Auswirkungen. Steuerbarkeit ist daher eine notwendige aber nicht die einzige Voraussetzung zur Begründung einer Steuerpflicht.

Beispiele:

(1) Die Arbeitnehmerin A verkauft über ebay ihren gebrauchten Pelzmantel, der ihr von ihrem ehemaligen Freund zur Verlobung geschenkt wurde. Die Leistung ist nicht steuerbar, da A keine Unternehmerin ist.

(2) Der Unternehmer U verkauft sein Motorrad, das er nicht unternehmerisch nutzte. Die Leistung ist nicht steuerbar, da sie privat und nicht im Rahmen des Unternehmens des U erfolgt.

(3) Die Post AG verkauft Briefmarken an ihre Kunden. Die Leistung ist umsatzsteuerbar aber - als ein dem Postwesen dienender Umsatz - steuerfrei nach § 4 Nr. 11b UStG. Verkauft die Post AG allerdings Schreibwaren, so dienen diese Umsätze nicht dem Postwesen und sind daher steuerbar und steuerpflichtig nach § 1 Abs. 1 Nr. 1 UStG.

(4) Die Unfallgeschädigte erhält Schadensersatz aufgrund eines Verkehrsunfalls. Es handelt sich nicht um eine Leistung i.S.d. UStG, daher ist der Vorgang nicht steuerbar.

(5) Die Ärztin Ä erbringt ihre ärztliche Leistung für Patienten. Die Leistung ist umsatzsteuerbar und umsatzsteuerfrei nach § 4 Nr. 14 UStG.

### 5.2.1 Unternehmerische Tätigkeit

Grundtatbestand der Umsatzsteuer nach § 1 Abs. 1 Nr. 1 UStG ist ein Leistungsaustausch, bei dem als Leistender ein Unternehmer im Rahmen seines Unternehmens im Inland beteiligt ist. Leistungsempfänger hingegen kann jeder sein, d.h. Unternehmer oder Endverbraucher.

Unternehmer ist, wer eine gewerbliche oder berufliche Tätigkeit selbständig ausübt. Die gewerbliche oder berufliche Tätigkeit ist jede nachhaltige Tätigkeit zur Erzielung von Einnahmen, auch wenn die Gewinnerzielungsabsicht fehlt (§ 2 Abs. 1 UStG). Typische Unternehmer sind Gewerbetreibende, wie z.B. Handwerk, Produktion oder Handel bzw. Freiberufler, wie z.B. Rechtsanwälte, Steuerberater, Ärzte oder Architekten.

Für die Beurteilung, ob jemand selbständig oder unselbständig tätig ist, kommt es auf das Gesamtbild der Verhältnisse an. Merkmale für eine selbständige Tätigkeit sind beispielsweise das vom Steuerpflichtigen getragene Unternehmerrisiko, die Unternehmerinitiative, die selbständige Organisation und Durchführung der Tätigkeit, die selbständige Beschaffung von Kapital und Arbeitsmittel sowie Geschäftsbeziehungen zu mehreren Vertragspartnern. Für eine unselbständige Tätigkeit sprechen beispielsweise die Weisungsgebundenheit gegenüber einem Arbeitgeber, feste Arbeitszeiten, Urlaubs- und Sozialleistungsansprüche, oder die örtliche und funktionale Eingliederung in einen bestimmten Betrieb. Maßgeblich ist immer eine Einzelfallbetrachtung.

Natürliche Personen können selbständig und auch zusätzlich unselbständig arbeiten, z.B. ein Arbeitnehmer arbeitet nebenberuflich als Berater, ein angestellter Arzt erstellt nebenerwerblich Gerichtsgutachten etc. Die selbständige und unselbständige Tätigkeit muss abgrenzbar sein, bei einer einheitlichen Tätigkeit kann sie insgesamt nur als selbständig oder als unselbständig eingestuft werden, sie ist nicht teilbar. Unternehmerfähige Personengesellschaften des Handelsrechts sind stets selbständig tätig, sofern sie Leistungen im Leistungsaustausch erbringen.

Die Tätigkeit muss nachhaltig sein (§ 2 Abs. 1 S. 3 UStG), d.h. sie muss entweder auf eine bestimmte Dauer angelegt sein oder sich in gleicher oder ähnlicher Weise wiederholen. Im Regelfall sind beide Kriterien miteinander verknüpft. Dabei kommt es auf das Gesamtbild der Verhältnisse an. Maßgebliche Beurteilungskriterien des BFH sind dabei z.B. das Auftreten wie ein Händler, das Unterhalten eines Geschäftsbetriebs, ein mehrjähriges, planmäßiges Handeln, die Durchführung von Werbemaßnahmen, die Ausführung von nur privaten Gefälligkeiten.

Die unternehmerische Tätigkeit beginnt bereits mit den sog. Vorbereitungen zum unternehmerischen Leistungsaustausch, d.h. z.B. Investitionen im Rahmen des Anlage- oder Umlaufvermögens vor der Betriebseröffnung, Akquisitionskosten, Gesellschaftsgründung, Beratungskosten etc. Dies gilt auch dann, wenn die Unternehmensgründung oder -erweiterung scheitert. Sowohl die Vorgründungsgesellschaft (vor Abschluss des notariellen Vertrags) als auch die Vorgesellschaft (nach Abschluss des notariellen Vertrags) einer Kapitalgesellschaft sind Unternehmer i.S.d. UStG.

Das Ende der Unternehmereigenschaft ist erreicht, wenn der Unternehmer seine Umsatztätigkeit endgültig eingestellt und alle Rechtsbeziehungen beendet hat, die mit dem aufgegebenen Betrieb zusammenhingen. Dazu zählen auch die Liquidationstätigkeiten, die Betriebsveräußerung oder Leistungen des Insolvenzverwalters.

Bei unternehmerischen Zusammenschlüssen (z.B. Interessengemeinschaften, Arbeitsgemeinschaften, Kartelle, Konzerne, Poolverbindungen) hängt die Unternehmereigenschaft davon ab, ob sie nach außen hin tätig werden (dann Unternehmer) oder ob es sich um nicht unternehmerfähige Innengesellschaften handelt. Bei Parteien und Vereinen ist zwischen dem nichtunternehmerischen und dem unternehmerischen Bereich zu trennen. Juristische Personen des öffentlichen Rechts sind nichtunternehmerisch tätig, soweit sie Leistungen im Rahmen der Ausübung hoheitlicher Aufgaben erbringen (vgl. § 2 Abs. 3 UStG). Privatrechtliche Eigenbetriebe (z.B. kommunale Energieunternehmen, Straßen- oder Wohnungsbau) hingegen sind selbständige Unternehmer, ebenso wie beliehene Unternehmer, die von juristischen Personen des öffentlichen Rechts für die Erfüllung öffentlicher Aufgaben eingeschaltet werden (z.B. typischerweise TÜV, Notar, Prüfingenieur).

### 5.2.2 Leistungsaustausch

Das UStG enthält keine Definition des Begriffs der Leistung. Vielmehr handelt es sich um den Oberbegriff für zwei Formen des Steuertatbestands des § 1 Abs. 1 Nr. 1 UStG, nämlich die

1. Lieferungen und
2. sonstige Leistungen

eines Unternehmers.

Der Begriff der Lieferung ergibt sich aus § 3 Abs. 1 UStG. Danach liegt eine Lieferung vor, wenn der Unternehmer dem Empfänger die Verfügungsmacht über einen Gegenstand verschafft.

1. Lieferung:
   a) Gegenstand
   b) Verschaffung der Verfügungsmacht

Die Lieferung wird von zwei Komponenten geprägt, nämlich es muss sich um einen Liefergegenstand handeln, also einen körperlichen Gegenstand (§ 90 BGB), nicht etwa Rechte. Gegenstände sind z.B. alle beweglichen unbeweglichen, flüssige und gasförmige Sachen, Tiere, Pflanzen, Elektrizität, keine Sachen i.S.d. Umsatzsteuergesetzes sind Geld, Personen, immaterielle Wirtschaftsgüter wie Rechte, Patente oder Know-how. Der Empfänger muss die tatsächliche Verfügungsmacht darüber erhalten, d.h. z.B. das Eigentum an beweglichen Gegenständen durch Einigung und Übergabe (§ 929 BGB), an unbeweglichen Gegenständen durch Auflassung (§§ 873, 925 BGB).

| | **Warenbewegung** | |
|---|---|---|
| Lieferer | → | Abnehmer |

Sonstige Leistungen sind alle Leistungen, die keine Lieferungen sind.

| 2. Sonstige Leistung: |
|---|
| a) Leistung, |
| b) die keine Lieferung ist |

Es ist also zunächst zu bestimmen, ob grundsätzlich eine Leistung vorliegt und sodann, ob es sich um eine Lieferung handelt. Ist das nicht der Fall, liegt eine sonstige Leistung vor.

| | ◄ **Keine Warenbewegung** | |
|---|---|---|
| Leistungserbringer | → | Leistungsempfänger |

Die sonstige Leistung kann auch in einem Unterlassen oder Dulden eines Zustands bestehen, § 3 Abs. 9 UStG. Inhalt einer sonstigen Leistung kann jeder Inhalt eines Verpflichtungsgeschäfts (z.B. Kauf-, Dienst-, Werk- oder Mietvertrag) sein. Bei der Abgrenzung, ob es sich um eine Lieferung oder sonstige Leistung handelt, ist auf den Willen der Parteien und die Gesamtumstände abzustellen.

| Beispiele für sonstige Leistungen: |
|---|
| (1) Eine Autowerkstatt-GmbH führt Reparaturleistungen aus. |
| (2) Ein Erfinder überlässt einer Produzentin seine Ideen zur Umsetzung. |
| (3) Ein Unternehmen duldet die private Nutzung von Dienstfahrzeugen. |

Gegenstand einer Leistung ist ein Tun, Dulden oder Unterlassen (Verhalten), durch das einem individualisierbaren Leistungsempfänger ein wirtschaftlicher Vorteil zugewendet wird, der beim Empfänger einen Verbrauch im Sinne des Umsatzsteuersystems ermöglicht.

| Leistung | | Entgelt |
|---|---|---|
| (z. B. Lieferung eines Pkw) | ↔ | (z.B. Zahlung des Kaufpreises) |

Dabei hat die Bezahlung der Hauptleistung, also das Entgelt möglicherweise auch selbst die Funktion der „Geld-Lieferung“, diese unterliegt aber nicht der Umsatzsteuer. Insofern erfasst das UStG nur Leistungen im wirtschaftlichen Sinne, d.h. solche, bei denen die Leistung ein wirtschaftliches Interesse verfolgt und nicht allein die Zahlung als Entgeltentrichtung.

Sofern es sich um ein Tauschgeschäft (z.B. von Waren oder Dienstleistungen) handelt, erfüllen sowohl die Leistung als auch die Gegenleistung den umsatzsteuerlichen Leistungsbegriff, d.h. beide Leistungen verfolgen ein wirtschaftliches Interesse, das über die Entgeltzahlung hinausgeht.

> Beispiel:
>
> Die Unternehmensberaterin Dr. U berät die Geschäftsführung der B-GmbH. Statt des üblichen Honorars, liefert die B-GmbH eine Sauna für die Wohnung der U.
>
> U bewirkt an die B-GmbH eine steuerbare und steuerpflichtige sonstige Leistung nach § 3 Abs. 9 UStG gegen Entgelt, die hier in einem Tauschumsatz liegt, § 3 Abs. 12 S. 2 UStG. Sowohl das Honorar als auch die Lieferung der Sauna sind steuerbar und steuerpflichtig.

### 5.2.3 Ort der Lieferung und sonstigen Leistung

Um zu entscheiden, ob, wo und wie der Leistungsaustausch zu versteuern ist, knüpft das UStG an den Ort des Leistungsaustausches an. Der Ort des Leistungsaustausches hat auch Auswirkungen auf Steuerbefreiungen. Der Bestimmung des Ortes der Leistung kommt eine große Bedeutung gerade im grenzüberschreitenden Geschäftsverkehr zu. Liegt nämlich der Ort der Leistung im Ausland, so ist der Umsatz im Inland nicht steuerbar.

Der Ort der Lieferung hängt davon ab, um welche Arten von Lieferungen es sich handelt. Bei Beförderungs- und Versendungslieferungen, wird der Lieferort dort angenommen, wo die Beförderung oder Versendung beginnt (vgl. § 3 Abs. 6 UStG).

> Begriff Beförderungslieferung:
>
> - Liefergegenstand wird befördert
> - durch den Lieferer
> - oder durch den Abnehmer
> - ohne Einschaltung eines selbständigen Beauftragten (Transporteurs)
>
> Der Transport muss also durch den Lieferer oder Abnehmer selbst bzw. durch einen unselbständigen Erfüllungsgehilfen erfolgen.

> Begriff Versendungslieferung:
>
> - Liefergegenstand wird befördert
> - durch den Lieferer
> - oder durch den Abnehmer
> - unter Einschaltung eines selbständigen Beauftragten (Transporteur)
>
> Der Transport muss also durch einen selbständig Beauftragten des Lieferers oder Abnehmers erfolgen.

Der Leistungsort der Beförderungs- und Versendungslieferungen ist jeweils dort, wo die Lieferungen beginnen, d.h. die Abgangsorte. Die Beförderung beginnt nach § 3 Abs. 6 S. 1 UStG dort, wo der Liefergegenstand zur Erfüllung des Liefergeschäfts in Bewegung gesetzt wird. Die Versendung beginnt nach § 3 Abs. 6 S. 4 UStG mit der Übergabe des Gegenstands an den Beauftragten.

Neben den Lieferungen, bei denen lediglich ein Lieferer und ein Abnehmer beteiligt sind, gibt es auch solche, an denen mehrere Personen in einer Wirtschaftskette beteiligt sind. Es handelt sich dabei um Reihengeschäfte, § 3 Abs. 6 S. 5 UStG. Dabei gelangt der Liefergegenstand bei der Beförderung unmittelbar vom ersten an den letzten Abnehmer.

Begriff Reihengeschäft:

- Abschluss von mehreren Umsatzgeschäften
- über denselben Gegenstand
- von mehreren Unternehmern,
- die Lieferungen ausführen und
- die Lieferung des Gegenstands unmittelbar vom ersten Unternehmer zum letzten Abnehmer durch Beförderung oder Versendung erfolgt.

Bei Reihengeschäften sind so viele Lieferungen anzunehmen, wie Umsatzgeschäfte abgeschlossen worden sind. Da nur ein Warenweg bei Reihengeschäften vorliegt, wird die Beförderung oder Versendung nur einer der Lieferungen zugeordnet (§ 3 Abs. 6 S. 5 UStG).

Für die Beförderungs- und Versendungslieferung bestimmt sich der Ort nach allgemeinen Regeln, d.h. nach dem Abgangsort (§ 3 Abs. 6 S. 1 UStG). Der Warenweg wird immer der Lieferung zugeordnet, für die der Unternehmer die Beförderung durchführt oder den Transportauftrag erteilt hat. Nur für diese Lieferung liegt eine Beförderungs- oder Versendungslieferung vor.

Beispiel:

Der Fleischfabrikant F aus Mexiko bestellt bei dem Großhändler G in Bremen eine Hydraulikpumpe, die G bei dem Hersteller H in Hamburg ordert und ihn beauftragt, die Hydraulikpumpe direkt nach Mexiko zum Abnehmer F zu transportieren. Die Beförderung erfolgt durch den Mitarbeiter des H.

| **Hersteller H** | → | **Großhändler G** | → | **Fabrikant F** |
|---|---|---|---|---|
| (Inland) | | (Inland) | | (Drittland) |

Beförderung durch H

> Es handelt sich um ein Reihengeschäft i.S.d. § 3 Abs. 6 S. 5 UStG. H erbringt eine Lieferung an G und G erbringt eine Lieferung an F. Die Beförderung erfolgt direkt von H zu F durch den Lieferer H, es wird dieser Lieferung daher auch die Beförderungsleistung zugerechnet, d.h. der Ort der Lieferung des H ist daher nach § 3 Abs. 6 S. 1 UStG im Inland (Hamburg). Der Ort der Lieferung des G ist nach § 3 Abs. 7 S. 2 Nr. 2 UStG im Ausland (Mexiko), da sie der Lieferung des G der Beförderung des H zeitlich nachfolgt und diese in Mexiko bei F endet. Die Lieferung des G an F ist nicht steuerbar. Die Lieferung des H an G ist steuerbar und steuerfrei nach § 4 Nr. 1a i.V.m. § 6 Abs. 1 Nr. 1 UStG.
>
> Abwandlung: Würde G den Gegenstand abholen und auf Gefahr und Kosten des F nach Mexiko transportieren, dann erbringt H eine Lieferung an G und G an F. Nach § 3 Abs. 6 S. 6 UStG wird die Beförderung der Lieferung dem H zugeordnet. Der Ort der Lieferung des H ist nach § 3 Abs. 6 S. 1 UStG Hamburg. Die Lieferung des H an G ist steuerbar und steuerpflichtig. Der Ort der Lieferung des G an F ist nach § 3 Abs. 7 S. 2 Nr. 2 UStG Mexiko. Die Lieferung des G an F ist nicht steuerbar (zu weiteren Beispielen vgl. Abschn. 31a UStR).

Unbewegte (ruhende) Lieferungen werden dort ausgeführt, wo sich der Gegenstand zum Zeitpunkt der Verschaffung der Verfügungsmacht befindet (vgl. § 3 Abs. 7 S. 1 UStG). Es muss also zunächst der genaue Zeitpunkt des zivilrechtlichen bzw. wirtschaftlichen Eigentumsübergangs ermittelt werden und sodann der Ort, an dem sich der Liefergegenstand befindet. Dies ist dann der Lieferort. Sonderregelungen gibt es aber etwa für Gas, Versandhandel, unentgeltlichen Lieferungen sowie auch für verschiedene andere Fallkonstellationen des Leistungsaustauschs.

| **Art** | **Ort der Lieferung** |
|---|---|
| Beförderungs- oder Versendungslieferung | § 3 Abs. 6 UStG<br>dort, wo die Beförderung oder Versendung beginnt (Abgangsort) |
| Reihengeschäft | § 3 Abs. 6 S. 5 UStG<br>Beförderung oder Versendung ist nur einer der Lieferungen zuzuordnen |
| Ruhende Lieferung | § 3 Abs. 7 S. 1 UStG<br>dort, wo sich der Gegenstand bei Verschaffung der Verfügungsmacht befindet |

Ort der sonstigen Leistung (§§ 3a, 3b UStG) ist der Ort, von wo aus der Unternehmer das Unternehmen betreibt (Ursprungslandprinzip), also der Ort, wo sich die Geschäftsleitung bzw. die geschäftliche Oberleitung befindet. Nach § 3a Abs. 2 UStG ist der Ort der sonstigen Leistung an einen Unternehmer (und für dessen Unternehmen) dort, wo der Leistungsempfänger sein Unternehmen betreibt (Empfängerortprinzip). Diese Regelung gilt auch für nichtunternehmerisch tätige juristische Personen, denen eine Umsatzsteuer-Identifikationsnummer erteilt worden ist.

Dagegen ist der Ort der sonstigen Leistung an einen Nichtunternehmer (Privatperson oder juristische Person ohne Umsatzsteuer-Identifikationsnummer) dort, wo das leistende Unternehmen sein Sitz hat (Sitzortprinzip).

Es gibt umfangreiche Einzelregelungen, die hier beispielhaft ausgewählt sind:

| | |
|---|---|
| Grundsatz | § 3a Abs. 1 UStG<br>Ursprungsland |
| Sonstige Leistung im Zusammenhang mit Grundstück | § 3a Abs. 3 Nr. 1 UStG<br>Belegenheitsort des Grundstücks |
| Kulturelle, künstlerische, wissenschaftliche o.ä. Leistungen und Arbeiten an beweglichen körperlichen Gegenständen | § 3a Abs. 3 Nr. 3 Buchst. a) und c) UStG<br>dort, wo die Tätigkeit ausgeübt wird, wenn die Leistung an einen Nichtunternehmer erbracht wird, ansonsten der Sitz oder die Betriebsstätte des Leistungsempfängers |
| Restaurationsleistung | § 3a Abs. 3 Nr. 3 Buchst. b) UStG<br>Ort der tatsächlichen Leistungserbringung |
| Vermittlungsleistung im Rahmen und für Rechnung Dritter (Grundsatz) | § 3a Abs. 3 Nr. 4 UStG<br>dort, wo der Umsatz ausgeführt wird |
| Zugang zu Erdgas-, Elektrizitäts-, Wärme- oder Kältenetze | § 3a Abs. 4 Nr. 14 UStG<br>Wohnsitz oder Sitz des Leistungsempfängers |
| Weitere sonstige Leistungen | § 3a Abs. 4 i.V. Abs. 3 und Abs. 3a UStG<br>Bestimmungslandprinzip, d.h. wo der Leistungsempfänger seinen Wohnort (§ 8 AO), Sitz (§ 11 AO) oder Betriebsstätte (§ 11 AO) hat. |
| Beförderungsleistung (Grundsatz) | § 3b Abs. 1 S. 1 UStG<br>dort, wo die Beförderung bewirkt wird |

### 5.2.4 Einfuhr von Gegenständen

Neben den Lieferungen und sonstigen Leistungen nach § 1 Abs. 1 Nr. 1 UStG unterliegt auch die Einfuhr von Gegenständen nach § 1 Abs. 1 Nr. 4 UStG der Umsatzbesteuerung (Einfuhrumsatzsteuer).

Die Einfuhr von Gegenständen im Inland oder in die österreichischen Gebiete Jungholz und Mittelberg bedeutet das Verbringen von Gegenständen aus einem Drittlandsgebiet zum freien Verkehr in das Inland. Dies gilt nicht bei einer Verbringung in einem zollrechtlichen Versandverfahren oder solange sich der Gegenstand im Zolllager befindet. Drittlandsgebiet ist das Gebiet außerhalb des einheitlichen EG-Zollgebietes.

Der Einführende kann ein Unternehmer oder eine Privatperson sein.

In Exportstaaten ist die Ausfuhr der Gegenstände regelmäßig von der Umsatzsteuer befreit. Sie wird als Verbrauchsteuer i.S.d. AO von den Zollbehörden erhoben und verwaltet (§ 21 Abs. 1 und 2 UStG – vgl. zur Entstehung auch § 1 Abs. 1 ZollVG). Maßgeblicher Lieferort ist derjenige, an dem die Beförderung endet.

Ist als Lieferklausel „unverzollt und unversteuert" vereinbart, § 3 Abs. 6 UStG – dann ist der Abnehmer Schuldner der Einfuhrumsatzsteuer. Ist hingegen „verzollt und versteuert" vereinbart, dann ist Lieferort das Inland, § 3 Abs. 8 UStG und der Lieferer bzw. sein Beauftragter schuldet die Einfuhrumsatzsteuer (vgl. dazu auch Beispiele bei Abschn. 31 UStR).

### 5.2.5 Innergemeinschaftlicher Erwerb

Lieferungen zwischen mehreren vorsteuerabzugsberechtigten Unternehmern sind innerhalb des Gemeinschaftsgebietes als innergemeinschaftlicher Erwerb im Bestimmungsland umsatzsteuerpflichtig, § 1 Abs. 1 Nr. 5 UStG. Die Tatbestandsvoraussetzungen des innergemeinschaftlichen Erwerbs sind in § 1a UStG geregelt, wobei das Gesetz nach § 1a Abs. 3 UStG bei bestimmten Unternehmern, die Erwerbsbesteuerung von einer Erwerbsschwelle (12.500 EUR/Kj.) abhängig macht. Dies bedeutet, dass bestimmte Erwerber (sog. Schwellenerwerber) nur den Tatbestand des innergemeinschaftlichen Erwerbs erfüllen, wenn sie die o.g. Erwerbsschwelle/Kj. überschreiten. Steuerbefreiungen ergeben sich aus § 4b UStG.

Tatbestandsvoraussetzungen innergemeinschaftlicher Erwerb:

- Lieferung eines Gegenstands
- von einem Lieferer (Unternehmer) aus dem Gemeinschaftsgebiet
- an einen Abnehmer (Erwerber), d.h. einen Unternehmer, der den Gegenstand für sein Unternehmer erwirbt oder eine juristische Person, die nicht Unternehmer ist,
- im Inland und
- der Abnehmer ist ganz oder teilweise zum Vorsteuerabzug berechtigt.

Der Steuertatbestand des innergemeinschaftlichen Erwerbs ersetzt hinsichtlich der Einfuhren im EG Binnenmarkt den früheren Tatbestand der Einfuhrumsatzsteuer. Der Vorsteuerabzug steht dem Erwerber zu. Der Ort des innergemeinschaftlichen Erwerbs ist dort, wo sich der Gegenstand am

Ende der Beförderung oder Versendung befindet (§ 3d S. 1 UStG). Eine Durchfuhr ist daher kein steuerbarer Tatbestand.

Innergemeinschaftliches Verbringen eines Gegenstands gilt unter den Voraussetzungen des § 3 Abs. 1a UStG als Lieferung und kann innergemeinschaftlichen Erwerb gegen Entgelt darstellen. Innergemeinschaftliches Verbringen liegt dann vor, wenn der Unternehmer einen Gegenstand an sich selbst vom Inland in einen anderen Mitgliedstaat verbringt. Die Umsatzbesteuerung erfolgt im Bestimmungsland.

### 5.2.6 Steuerbefreiungen

Steuerbefreiungen sind für alle Arten steuerbarer Umsätze vorgesehen:

| | | |
|---|---|---|
| Lieferungen und Leistungen | → | § 4 UStG |
| Einfuhren | → | § 5 UStG |
| Innergemeinschaftlicher Erwerb | → | § 4b UStG |

Wenn eine Steuerbefreiung vorliegt, kann diese auch Auswirkungen auf den Vorsteuerabzug haben.

Grundsätzlich ist zwischen Steuerbefreiungen mit oder ohne Vorsteuerabzugsberechtigung zu unterscheiden. Bei den Steuerbefreiungen mit Vorsteuerabzug bleibt dem Unternehmer der volle Vorsteuerabzug erhalten. Bei Steuerbefreiungen ohne Vorsteuerabzug ist der Vorsteuerabzug für Aufwendungen ausgeschlossen, soweit sich die Aufwendungen auf steuerbefreite Umsätze beziehen.

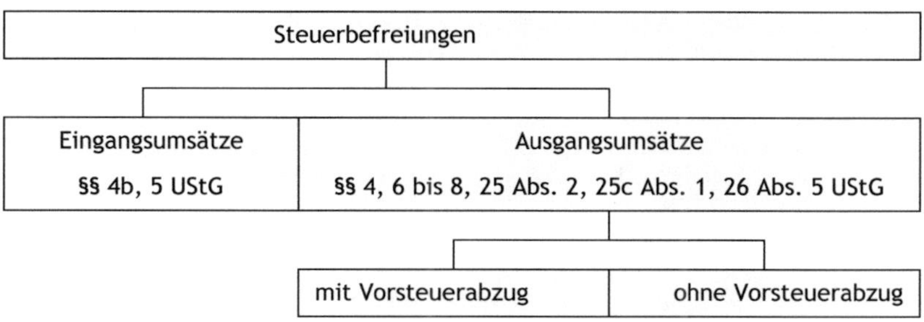


Unternehmerische Tätigkeit beinhaltet immer Ausgangs- und Eingangsumsätze. Ausgangsumsätze sind solche, die das Unternehmen durch seine Tätigkeit nach außen erlangt. Dies geschieht im Regelfall durch Inrechnungstellung einer Lieferung oder sonstigen Leistung an den Vertragspartner. Ferner benötigt unternehmerisches Handeln auch immer Lieferungen oder Leistungen, die ein Vertragspartner für das Unternehmen erbringt, so z.B. die Lieferung von Büromaterial, Werkzeugen, Rohstoffen, Ersatzteilen o.ä. Für solche Lieferungen oder Leistungen erhält das Unternehmen Rechnungen des anderen (liefernden) Unternehmens, die ebenfalls Umsatzsteuer enthalten. Die dem (empfangenden) Unternehmen in Rechnung gestellte Umsatzsteuer wird als Vorsteuer bezeichnet.

Die Steuerbefreiungsvorschriften bei Lieferungen und sonstigen Leistungen lassen sich in verschiedene Gruppen einteilen.

- Steuerbefreiungen mit vollem Vorsteuerabzug
- Steuerbefreiungen ohne Vorsteuerabzug
- Steuerbefreiungen mit Optionsmöglichkeit

## 5.2.6.1 Steuerbefreiungen mit vollem Vorsteuerabzug

Bei Steuerbefreiungen mit vollem Vorsteuerabzug ist der Ausgangsumsatz des Unternehmers im Inland steuerfrei – er führt für diese Geschäfte also keine Umsatzsteuer ab – dennoch kann er die gesamte Vorsteuer geltend machen. Es handelt sich insbesondere um Steuerbefreiungen von Exportumsätzen aufgrund des Bestimmungslandsprinzips.

| | | |
|---|---|---|
| Ausfuhrlieferungen und Lohnveredelung an Gegenständen der Ausfuhr | → | § 4 Nr. 1 Buchst. a) i.V.m. §§ 6, 7 UStG |
| Innergemeinschaftliche Lieferungen | → | § 4 Nr. 1 Buchst. b) i.V.m. § 6a UStG |

Beispiel:

Eine Händlerin H aus Freiburg befördert einen verkauften Gegenstand zu ihrer Abnehmerin, einer GmbH in Basel. Den Gegenstand hat sie für 500 EUR zzgl. 19% USt eingekauft. Sie verkauft den Gegenstand an ihre Abnehmerin für 800 EUR. Sie hatte Transportkosten von 20 EUR zzgl. USt.

Es handelt sich hier um eine steuerfreie Ausfuhrlieferung nach § 4 Abs. 1 Buchst. a) i.V.m. § 6 Abs. 1 Nr. 1 UStG. Der Vorsteuerabzug ist bei Ausfuhrlieferungen nicht beschränkt, § 15 Abs. 3 Nr. 1 Buchst. a) UStG.

## 5.2.6.2 Steuerbefreiungen ohne Vorsteuerabzug

Die § 4 Nr. 8 ff. UStG regeln Steuerbefreiungen, für die der Vorsteuerabzug grundsätzlich ausgeschlossen ist, soweit dem Unternehmer im Einzelfall nicht ein Optionsrecht zusteht. Die hier genannten Steuerbefreiungen beziehen sich auf Inlandsumsätze, die aus verschiedenen politischen oder systematischen Gründen steuerbefreit sind. Der Ausschluss des Vorsteuerabzugs bedeutet, dass ein Unternehmer, der Umsätze aus den nachfolgenden Bereichen tätigt, insoweit anders als ein vorsteuerabzugsberechtigter Unternehmer behandelt wird.

Als Befreiungstatbestände ergeben sich:

| | | |
|---|---|---|
| Geld- und Kapitalumsätze | → | § 4 Nr. 8 UStG |
| Umsätze, die unter das Grunderwerbsteuer-, das Rennwett- und Lotteriesteuergesetz oder das Versicherungssteuergesetz fallen | → | § 4 Nr. 9, 10 UStG |
| Umsätze der Telekom und der Deutsche Post AG | → | § 4 Nr. 11a, 11b UStG |
| Vermietung und Verpachtung | → | § 4 Nr. 12 UStG |
| Heilleistungen | → | § 4 Nr. 14 UStG |
| Blindenleistungen | → | § 4 Nr. 19 UStG |
| Kulturelle Leistungen | → | § 4 Nr. 20 UStG |
| Umsätze, für die der Vorsteuerabzug nach § 15 Abs. 1a Nr. 1 USG ausgeschlossen ist | → | § 4 Nr. 28 UStG |

Beispiel:

Die Physiotherapeutin P erbringt Heilleistungen, die von der Umsatzsteuer nach § 4 Nr. 14 UStG befreit sind. Sie schafft für ihre Praxis EDV-Geräte für 1.000 EUR zzgl. USt an. Die Umsatzsteuer für die EDV-Aufwendungen kann sie aufgrund der Steuerfreiheit der Heilleistungen nicht durch Vorsteuerabzug geltend machen.

Bei Wohnungen und Grundstücken sind Vermietungs- und Verpachtungsleistungen umsatzsteuerfrei nach § 4 Nr. 12 UStG, wenn sie vom Empfänger zu Wohnzwecken genutzt werden, nicht jedoch bei kurzfristiger Beherbergung wie z.B. bei Hotels oder Campingplätzen.

### 5.2.6.3 Steuerbefreiungen mit Optionsrecht

Optionsrecht bedeutet, dass der leistende Unternehmer die Wahl hat, in gesetzlich abschließend aufgeführten Fällen (§ 9 UStG) auf die Steuerbefreiung nach § 4 UStG zu verzichten. Dazu zählen:

| | | |
|---|---|---|
| Geld und Kapitalumsätze | → | § 4 Nr. 8 Buchst. a) bis g) i.V.m. § 9 Abs. 1 UStG |
| Umsätze, die unter das Grunderwerbsteuergesetz fallen | → | § 4 Nr. 9 Buchst. a) i.V.m. § 9 Abs. 1 UStG |
| Umsätze aus Vermietung und Verpachtung von Grundstücken | → | § 4 Nr. 12 i.V.m. § 9 Abs. 1 UStG |
| Umsätze der Wohnungseigentümer an Wohnungs- und Teileigentümer | → | § 4 Nr. 13 i.V.m. § 9 Abs. 1 UStG |
| Umsätze kleiner Blindenunternehmen sowie Blindenwerkstätten | → | § 4 Nr. 19 i.V.m. § 9 Abs. 1 UStG |

Voraussetzung für einen Verzicht auf die Steuerbefreiung der in § 9 Abs. 1 UStG genannten Umsätze ist, dass steuerbare Umsätze von einem Unternehmer im Rahmen seines Unternehmens an einen anderen Unternehmer für dessen Unternehmen ausgeführt werden.

Kleinunternehmer als Leistende haben keine Optionsmöglichkeit (§ 19 Abs. 1 S. 4 UStG), sie können jedoch Leistungsempfänger sein (Ausnahme: vgl. Optionsbeschränkung in § 9 Abs. 2 UStG).

Die Option kann vom Unternehmer so lange ausgeübt werden, wie die Steuerfestsetzung noch nicht endgültig bestandskräftig ist. Der Verzicht auf die Steuerbefreiung (also die Ausübung der Option) bewirkt, dass der Umsatz steuerpflichtig wird, dass er die mit dem Umsatz zusammen hängenden Vorsteuern abziehen und über diesen Umsatz eine Rechnung i.S. v. § 14 UStG ausstellen darf, die dem Leistungsempfänger den Vorsteuerabzug ermöglicht.

Von besonderer Bedeutung ist die Optionsmöglichkeit bei Vermietungsleistungen. Der Verzicht kann dann ausgeübt werden, wenn es sich um Vermietung an einen anderen Unternehmer handelt, der zum Vorsteuerabzug berechtigt ist. Eine Option für Umsätze aus zu Wohnzwecken vermieteten Wohnungen ist nicht möglich.

Beispiel:

V vermietet ihr aus drei gleich großen Wohneinheiten bestehendes Haus. Eine Wohnung wird von einem Architekten, eine von einer Rechtsanwältin und die dritte Wohnung von einer Bauingenieurin als Büro genutzt.

Im VZ 01 erzielt V monatliche Mieteinnahmen von 1.000 EUR / Wohneinheit, mithin also 36.000 EUR pro Jahr. V lässt das Dach des Hauses für 29.750 EUR (inkl. 19% USt: 4.750 EUR) neu decken.

Berechnung ohne Ausübung der Option:

| | |
|---|---:|
| Mieteinnahme im VZ 01 | 36.000 EUR |
| abzgl. Rechnung Dachdeckerbetrieb | - 29.750 EUR |
| Rohgewinn der V | 6.250 EUR |

Berechnung mit Ausübung der Option:

| | |
|---|---:|
| Mieteinnahme im VZ 01 | 36.000 EUR |
| abzgl. Umsatzsteuer | - 5.748 EUR |
| abzgl. Rechnung Dachdeckerbetrieb | - 25.000 EUR |
| zzgl. Vorsteuer | + 4.750 EUR |
| Rohgewinn der V | 10.002 EUR |

Die Ausübung der Option führt also dazu, dass der Rohgewinn um 3.752 EUR/Jahr steigt. Dies resultiert daraus, dass bei dem zweiten Fall zwar Umsatzsteuer von den Mieteinnahmen in Höhe von 5.748 EUR abgeführt werden muss, demgegenüber wird aber die Vorsteuer der Dachdeckerrechnung in Höhe von 4.750 EUR erstattet. Daraus errechnet sich der erhöhte Rohgewinn.

Dient das Objekt nur teilweise für Umsätze, für die eine Option ausgeübt werden kann, so ermäßigt sich der Vorsteuerabzug anteilsmäßig. Wäre beispielsweise eine der drei Wohnungen zu Wohnzwecken vermietet, so würde sich der Vorsteuerabzug um 1/3 verringern. Der Anteil wird über das Verhältnis des umsatzsteuerbefreiten zu den nicht umsatzsteuerbefreiten Umsätzen errechnet. Zu weiteren Berechnungsbeispielen vgl. Abschn. 148 f. UStR.

## 5.3 Bemessung der Steuer

### 5.3.1 Bemessungsgrundlage

Die Bemessungsgrundlage ist die Nettogröße, auf die der jeweilige Steuersatz anzuwenden ist.

Wichtigste Bemessungsgrundlage ist das Entgelt, d.h. alles das, was der Leistungsempfänger aufwendet, um die Leistung zu erhalten abzüglich der Umsatzsteuer (vgl. § 10 Abs. 1 S. 2 UStG). Neben dem reinen Leistungsentgelt können daher auch weitere Erhöhungen wie z.B. Verpackung, Servicepauschalen etc. oder auch Minderungen wie z.B. Boni oder Skonti die Bemessungsgrundlage beeinflussen. Bei Tausch- bzw. tauschähnlichen Umsätzen gilt als Bemessungsgrundlage der Wert der jeweiligen Gegenleistung. Besondere Bemessungsgrundlagen (vgl. Abschn. 155 UStR) kommen für unentgeltliche Wertabgaben oder auch Entnahmen in Betracht. Bei den einer Lieferung gleichgestellten Wertabgaben ist hier von dem Einkaufs- oder Selbstkostenpreis (§ 10 Abs. 4 S. 1 Nr. 1 UStG) zuzüglich der Nebenkosten auszugehen. Bei den einer sonstigen Leistung gleichgestellten Wertabgaben sind die entstandenen Ausgaben (§ 10 Abs. 4 S. 1 Nr. 2 und 3 UStG) maßgeblich.

Bei der Einfuhr eines Gegenstands im Inland ist Bemessungsgrundlage für die Einfuhrumsatzsteuer der Zollwert des Gegenstands (vgl. § 11 Abs. 1 UStG).

### 5.3.2 Steuersätze

Die Steuersätze ergeben sich aus § 12 Abs. 1 und 2 UStG sowie der dazu ergangenen Anlage 2 zum UStG.

Danach gibt es zwei Steuersätze, nämlich der

- allgemeine Steuersatz in Höhe von 19% und der
- ermäßigte Steuersatz in Höhe von 7%

der Bemessungsgrundlage.

Dem ermäßigten Steuersatz unterliegen u.a. Lebensmittel, Druckerzeugnisse, Kunstgegenstände, Personennahverkehrsbeförderung (keine Fernverkehrsbeförderung) sowie Hotelübernachtungen.

Zur Berechnung der Umsatzsteuer in einem Bruttobetrag können zur Vereinfachung nachfolgende Werte zugrunde gelegt werden (Abschn. 194 Abs. 3 UStR):

| | | |
|---|---|---|
| Allgemeiner Steuersatz (Bruttobetrag) | → | 15,97% des Gesamtrechnungsbetrags |
| Ermäßigter Steuersatz (Bruttobetrag) | → | 6,54% des Gesamtrechnungsbetrags |

## 5.4 Ausstellung von Rechnungen

### 5.4.1 Pflichtinhalte

Voraussetzung zum Vorsteuerabzug nach § 15 Abs. 1 Nr. 1 UStG ist eine nach §§ 14, 14a UStG ausgestellte Rechnung. Eine Rechnung ist jedes Dokument, mit dem eine Lieferung oder sonstige Leistung abgerechnet wird, auch wenn es nicht als solches bezeichnet wird. Es kann auf Papier oder elektronisch an den Empfänger übermittelt werden.

Die Rechnung kann ferner als Quittung (Rechnung mit Zahlungsbestätigung) oder auch als Gutschrift (Leistungsempfänger stellt über die empfangene Leistung eine Rechnung aus) erteilt werden.

Unterformen der Rechnung sind die Anzahlungs- oder auch die Vorauszahlungsrechnung, die Vorausrechnung sowie die End- bzw. Restrechnung. Lieferscheine sind keine Rechnungen.

| | | |
|---|---|---|
| Anzahlungsrechnung | → | Unternehmer rechnet bereits erbrachte Teile einer Leistung ab. |
| Vorauszahlungs-rechnung | → | Unternehmer rechnet noch nicht erbrachte Teile einer Leistung ab. |
| Vorausrechnung | → | Unternehmer rechnet im Voraus das gesamte Entgelt für die noch nicht ausgeführte Leistung ab. |
| Endrechnung | → | Unternehmer rechnet eine Leistung ab, auf die zuvor an- bzw. vorausgezahlt wurde. In ihr müssen die vereinnahmten Teilentgelte (inkl. der Steuerbeträge) abgesetzt werden. |
| Restrechnung | → | Unternehmer rechnet eine Leistung ab, auf die zuvor an- bzw. vorausgezahlt wurde. Sie kann anstelle der Endrechnung erteilt werden und beschränkt sich auf den Restbetrag. |

Die Pflichtangaben einer Rechnung sind ebenfalls im Umsatzsteuergesetz geregelt:

Mindestangaben einer Rechnung (§ 14 Abs. 4 UStG):

- Name und Anschrift des leistenden Unternehmers sowie des Leistungsempfängers
- Steuer- oder Umsatzsteueridentifikationsnummer des Unternehmers
- Ausstellungsdatum
- Rechnungsnummer
- Leistungsbeschreibung
- Zeitpunkt der Lieferung oder sonstigen Leistung
- Entgelt
- Steuerbetrag, evtl. Hinweis auf Aufbewahrungspflicht

Diese Mindestangaben sind Pflichtangaben, so dass nur eine Rechnung mit diesen vollständigen und richtigen Angaben den Rechnungsempfänger zum Vorsteuerabzug berechtigt (vgl. Abschn. 192 Abs. 2 UStR).

Die Rechnung ist in Papierform bzw. vorbehaltlich der (formfreien) Zustimmung des Empfängers in elektronischer Form (z.B. als pdf oder Textdatei) zu übermitteln. Eine per Telefax übermittelte Rechnung ist ebenfalls zulässig. Name und Anschrift des leistenden Unternehmens und des Leistungsempfängers sind vollständig anzugeben. Dabei genügt eine Bezeichnung, unter der Leistender und Leistungsempfänger ausfindig zu machen sind, so auch Künstlername, Pseudonym oder Firma. Im Gegensatz zu einfachen Geschäftsschreiben muss auf Rechnungen die USt-IdNr. oder die Steuernummer angegeben werden, wobei diese nicht um zusätzliche

Angaben wie z.B. Betriebsfinanzamt, Länderschlüssel oder Anschrift des Finanzamtes ergänzt werden müssen.

Name und Anschrift sowie Steuernummer dienen der Identifizierung der am Leistungsaustausch Beteiligten. Zusätzlich zum Ausstellungsdatum ist eine Rechnungsnummer zu vergeben (d.h. eine fortlaufende Nummer); ferner muss aus der Rechnung die Menge und Art der Lieferung und sonstigen Leistung, Zeitpunkt der Lieferung oder sonstigen Leistung, das nach Steuersätzen und Steuerbefreiungen aufgeschlüsselte Entgelt, der Steuersatz bzw. ein Hinweis auf Steuerbefreiung hervorgehen. Bei der Nummerierung ist es möglich, eine oder mehrere Zahlen- oder Buchstabenreihen bzw. eine Kombination zu verwenden. Es muss gewährleistet sein, dass die Rechnungsnummer einmalig ist.

Durch die Leistungsbeschreibung kann der Leistungsempfänger den Bezug für sein Unternehmen nachweisen und sie dient der Finanzverwaltung zu Nachprüfungszwecken. Sie muss daher eindeutig und leicht nachprüfbar sein.

Die Angabe des Zeitpunktes der Lieferung und Leistung dient bei der Erstellung der Bilanz zur Abgrenzung der einzelnen Wirtschaftsjahre. Ferner kann sich aus dem Zeitpunkt der Lieferung oder Leistung ein anderer Steuersatz ergeben, wenn zwischen Leistungserbringung und Rechnungslegung die Umsatzsteuersätze eine Veränderung erfahren.

Das Netto-Entgelt inklusive ihrer im Voraus vereinbarten Minderung ist anzugeben und nach verschiedenen Steuersätzen aufzuschlüsseln, ferner muss ein Hinweis auf Steuerbefreiungen erfolgen. Der Umsatzsteuerbetrag ist in EUR bzw. ausländischer Währung anzugeben (Steuersatz x Nettobetrag). Ausnahmsweise reichen bei Kleinbetragsrechnungen bis zu 150 EUR sowie Fahrausweisen der Personenbeförderung der Bruttobetrag und der anzuwendende Steuersatz (§§ 33, 34 UStDV).

Rechnungen sind vom Unternehmer zehn Jahre aufzubewahren. Die Frist beginnt mit dem Schluss des Kalenderjahres, in dem die Rechnung ausgestellt worden ist. Diese Frist gilt sowohl für Eingangs- als auch für Ausgangsrechnungen (§ 14b Abs. 1 S. 1 UStG). Auf sie muss gegenüber einem Unternehmer als Vertragspartner nicht gesondert hingewiesen werden.

Ein gesonderter Hinweis muss aber an Nichtunternehmer bei Rechnungen über Werkleistungen erfolgen, weil diese Rechnungen vom Nichtunternehmer zwei Jahre lang aufzubewahren sind (§ 14b Abs. 1 S. 5 UStG).

### 5.4.2 Anzahlungen

Bei der Vereinnahmung von Anzahlungen entsteht die Steuer auf den Anzahlungsbetrag unabhängig von der Besteuerungsart mit Ablauf des Voranmeldungszeitraums, in dem die Anzahlung vereinnahmt worden ist, § 13 Abs. 1 Nr. 1 Buchst. a) UStG.

Rechnungen über Anzahlungen oder Vorauszahlungen müssen dieselben Anforderungen erfüllen. Als Leistungszeitpunkt ist der voraussichtliche, in der Zukunft liegende Zeitpunkt anzugeben. Bei der anschließenden Endabrechnung sind die Vorauszahlungen inklusive der darauf entfallenen Steuer abzusetzen, so dass klar erkennbar ist, auf welche Leistungen bereits Rechnungen erfolgt sind.

Beispiel für eine Endrechnung mit Absetzung der Abschlags- bzw. Vorauszahlungen (vgl. Abschn. 187 Abs. 7 UStR):

| | |
|---|---|
| Konkrete Bezeichnung der Lieferung oder sonstigen Leistung | |
| Ablieferung und Abnahme am 25.9.01 | |
| Entgelt insgesamt | 900.000 EUR |
| + Umsatzsteuer 19% | 171.000 EUR |
| Gesamtpreis | 1.071.000 EUR |
| ./. Abschlagszahlungen vom 1.5. und 1.7.01 | 600.000 EUR |
| **Verbleibendes Restentgelt** | **471.000 EUR** |
| darin enthaltene Umsatzsteuer | 75.202 EUR |
| in den Abschlagzahlungen enthaltene Umsatzsteuer | 95.798 EUR |

## 5.5 Vorsteuerabzug

### 5.5.1 Grundsatz

Um entsprechend der Zielrichtung der Umsatzsteuer als Belastung des Endverbrauchs eine Neutralität bei unternehmerischer Leistung zu erzielen, wird der Vorsteuerabzug für Unternehmen gewährt. Dies bedeutet, dass die vom Unternehmen gezahlte Vorsteuer von der abzuführenden Umsatzsteuer abgezogen werden kann. Es handelt sich dabei um einen Verrechnungs- bzw. Vergütungsanspruch gegen das Finanzamt.

Voraussetzung des Vorsteuerabzugs:

- Unternehmer ist vorsteuerabzugsberechtigt
- Leistender ist ein anderer Unternehmer
- Umsatz erfolgte für das Unternehmen
- Steuer ist gesetzlich geschuldet
- Bei innerstaatlichen Lieferungen und Leistungen: Rechnung liegt vor. Bei Einfuhr: Einfuhrumsatzsteuer ist entrichtet

Die größte praktische Bedeutung hat der Vorsteuerabzug eines Unternehmers nach § 15 Abs. 1 Nr. 1 UStG. Der Vorsteuerabzugsberechtigte muss selbst Unternehmer sein, die bereits mit Beginn der unternehmerischen Tätigkeit anzunehmen ist, auch wenn noch keine Ausgangsumsätze erfolgt sind. Die Leistung muss durch einen anderen Unternehmer für das Unternehmen des Abzugsberechtigten erfolgen also nicht dem privaten Bereich z.B. eines Gesellschafters oder Inhabers zuzuordnen sein. Problematisch ist der Vorsteuerabzug bei gemischt genutzten Gegenständen. Hierbei hängt der Vorsteuerabzug davon ab, ob und wie der Leistungsempfänger eine Zuordnungsentscheidung trifft. Insoweit kann er den Gegenstand ausschließlich seiner unternehmerischen oder privaten Sphäre zuordnen bzw. eine Aufteilung im Verhältnis der tatsächlichen Verwendung vornehmen.

Papier- und elektronische Rechnungen, z.B. auf elektronischem Wege in Form von pdf-, Text- oder sonstiger Datei, sind durch das Steuervereinfachungsgesetz 2011 (seit 1.7.2011) umsatzsteuerlich gleichgestellt worden. Das bedeutet, dass der Vorsteuerabzug daraus nunmehr möglich ist, wenn die allgemeinen Pflichtangaben der Rechnungsdokumente (§14 Abs. 4 UStG) erfüllt sind. Der Steuerpflichtige muss lediglich die Echtheit der Herkunft der Rechnung gewährleisten können, z.B. indem er einen verlässlichen nachprüfbaren Kontrollweg zwischen Leistung und Rechnung sicherstellen kann. Echtheit bedeutet insoweit die Identität des Rechnungsausstellers, die Unversehrtheit und die Lesbarkeit der Rechnung.

Ist in der Rechnung fehlerhaft eine andere als die gesetzlich geschuldete Umsatzsteuer ausgewiesen, so ist der Empfänger nicht zum Vorsteuerabzug berechtigt. Demgegenüber schuldet aber derjenige, der die Umsatzsteuer unrichtig oder unberechtigt zu hoch ausgewiesen hat, dennoch die gesamte Umsatzsteuer (§ 14c UStG). Wird z.B. von einem Nichtunternehmer eine Rechnung mit ausgewiesener Umsatzsteuer ausgestellt, so ist diese Umsatzsteuer auch an das Finanzamt abzuführen. Eine Berichtigung ist jedoch möglich. Schließlich muss die Rechnung, für die der Vorsteuerabzug geltend gemacht wird, alle Pflichtangaben nach § 14 Abs. 4 UStG enthalten.

Bei Anzahlungen bzw. Vorauszahlungen kann der Vorsteuerabzug auch bereits vor Erbringung der Leistung geltend gemacht werden, wenn der Leistungsempfänger im Besitz einer Rechnung mit ausgewiesener Umsatzsteuer ist und bereits eine Zahlung erbracht hat.

### 5.5.2 Ausschluss des Vorsteuerabzugs

Der Ausschluss des Vorsteuerabzugs richtet sich nach § 15 Abs. 1a, 2 und 3 UStG. Insbesondere ist hier der Vorsteuerabzug für Aufwendungen zu nennen, die unter ertragsteuerliche Abzugsverbote (vgl. Kap. 2.6.4) fallen, wie z.B. nichtabziehbare Betriebsausgaben oder Kosten der privaten Lebensführung. Ferner sind steuerfreie Umsätze sowie Umsätze im Ausland, die im Inland steuerfrei wären, vom Vorsteuerabzug ausgeschlossen.

Weiterhin tritt der Vorsteuerabzug nicht ein, wenn die Leistungen zur Verwendungen für bestimmte steuerfreie Umsätze bezogen wurden. Wird also beispielsweise ein Haus gebaut, das später zur (steuerfreien) Vermietung zu Wohnzwecken dienen soll, so sind die Baukosten nicht zum Vorsteuerabzug zugelassen (abzugsschädliche Verwendung).

Der Vorsteuerabzug wird jedoch für manche steuerfreien Umsätze quasi als Ausnahme von der Ausnahme wieder zugelassen, so insbesondere für Verwendungen für innergemeinschaftliche Lieferungen oder Ausfuhrlieferungen (§ 15 Abs. 3 UStG). Dies ist sachgerecht, da die grenzüberschreitenden Fälle aufgrund von Vereinfachungsvorschriften des gemeinsamen Europäischen Binnenmarktes umsatzsteuerfrei sind (statt länderübergreifende Umsatzsteuerzahlungen und gegenseitige Ausgleichspflichten) und sodann bei Weiterverkauf im jeweiligen Mitgliedstaat für den Endverbraucher wieder umsatzsteuerpflichtig sind.

Eine Aufteilung der Vorsteuer kommt nach § 15 Abs. 4 UStG in Betracht, wenn die Aufwendungen im wirtschaftlichen Zusammenhang mit solchen Umsätzen stehen, die zum Vorsteuerabzug berechtigen, als auch mit solchen Umsätzen, die den Vorsteuerabzug ausschließen. Wird also ein Haus gebaut, das sowohl zu Wohnzwecken als auch zu Gewerbezwecken (für das die Vermieterin zur Umsatzsteuer optiert) genutzt wird, so kann die Vorsteuer nach sachgerechter Schätzung – z.B. durch Nutzflächenschlüssel oder durch Mietwertschlüssel – auf den umsatzsteuerfreien und umsatzsteuerpflichtigen Teil aufgeteilt werden. Der Umsatzsteueranteil von Eingangsumsätzen, die umsatzsteuerpflichtigen Leistungen wirtschaftlich zuzurechnen sind, ist als Vorsteuer abziehbar.

## 5.6 Entstehung der Steuer

| | | |
|---|---|---|
| Besteuerung nach vereinbarten Entgelten (Soll-Besteuerung) | → | § 16 Abs. 1 S. 1 UStG |
| Besteuerung nach vereinnahmten Entgelten (Ist-Besteuerung) | → | § 20 Abs. 1 S. 1 UStG |
| Kleinunternehmerregelung | → | § 19 Abs. 1 UStG |

### 5.6.1 Ist- und Soll-Besteuerung

Das Besteuerungsverfahren enthält umfangreiche Regelungen, es wird hier nur auf die wichtigsten eingegangen.

Die sog. Soll-Besteuerung ist die Ermittlung der Umsatzsteuer auf der Basis der zwischen den Leistungspartnern vereinbarten Entgelten (§ 16 Abs. 1 S. 1 UStG). Dabei entsteht die Umsatzsteuer mit Ablauf des Besteuerungszeitraums, in dem die Leistung erbracht wurde und unabhängig von dem Zeitpunkt der Bezahlung der Rechnung (§ 13 Abs. 1 Buchst. a) UStG). Sofern allerdings vor Leistungserbringung bereits Vorauszahlungen geleistet wurden, entsteht die Steuer mit Ablauf des Zeitraums, in dem das Entgelt vereinnahmt wurde (Mindest-Ist-Besteuerung - § 13 Abs. 1 Nr. 1 Buchst. a) S. 4 UStG). Die Traglast wird um die abziehbare Vorsteuer gekürzt (§ 16 Abs. 2 UStG). Erhöhungen oder Minderungen der Bemessungsgrundlage, die sich z.B. aus Boni, Rabatten, Gutscheinen, Rückvergütungen, Zinsen etc. ergeben, sind vom Unternehmer sowohl bei der Umsatzsteuer als auch bei der Vorsteuer zu berichtigen (§ 17 Abs. 1 S. 1 und 2 UStG). Dies gilt auch für Forderungen, die z.B. wegen Insolvenz des Vertragspartners nicht mehr einbringlich sind.

Die sog. Ist-Besteuerung ist die Ermittlung der Umsatzsteuer auf der Basis der vereinnahmten Entgelte (§ 20 Abs. 1 S. 1 UStG). Dabei entsteht die Umsatzsteuer mit Ablauf des Besteuerungszeitraums (Voranmeldungszeitraums), in dem das Entgelt beim Unternehmer eingegangen ist, § 13 Abs. 1 Nr. 1 Buchst. b) UStG. Die Ist-Besteuerung kann auf Antrag des Unternehmers erfolgen, wenn das Unternehmen bestimmte Voraussetzungen erfüllt:

- Gesamtumsatz im vorangegangenen Kalenderjahr von nicht mehr als 500.000 EUR (§ 20 Abs. 1 Nr. 1 UStG) und wenn
- keine Verpflichtung zur Buchführung nach § 148 AO besteht (§ 20 Abs. 1 Nr. 2 UStG), oder
- für Umsätze aus freiberuflicher Tätigkeit (§ 20 Abs. 1 Nr. 3 UStG)

Im Ergebnis führen die Soll- und die Ist-Besteuerung aufgrund von Korrekturvorschriften zu einer gleich hohen Bemessungsgrundlage, nämlich die Besteuerung des tatsächlich erhaltenen Entgelts. Für Unternehmen, die Ihren Gewinn mittels Betriebsvermögensvergleich ermitteln (§ 4 Abs. 1 EStG) ist wegen der umsatzsteuerrechtlichen Anknüpfung an die Buchführung die Soll-Besteuerung die interessantere Variante, für Einnahme-Überschussrechner (§ 4 Abs. 3 EStG) ist die Ist-Besteuerung empfehlenswert.

### 5.6.2 Kleinunternehmerregelung

Die Besteuerung der Kleinunternehmer richtet sich nach § 19 Abs. 1 UStG. Es handelt sich dabei um solche Unternehmer, deren Umsätze

- im vorangegangenen Kalenderjahr die Höhe von 17.500 EUR nicht überstiegen haben und
- im laufenden Kalenderjahr voraussichtlich die Höhe von 50.000 EUR nicht übersteigen werden.

Sofern beide Voraussetzungen kumulativ vorliegen, wird auf Antrag auf die Erhebung der Umsatzsteuer für Umsätze für Lieferungen und sonstige Leistungen nach § 1 Abs. 1 Nr. 1 UStG verzichtet. Dies bedeutet, dass der Kleinunternehmer, der im Jahr 01 zwar lediglich Umsätze in Höhe von unter 17.500 EUR erzielt hat, im laufenden Jahr 02 voraussichtlich 50.000 EUR nicht übersteigen wird, von dieser Regelung Gebrauch machen kann. Sofern er unvorhergesehen im Jahr 02 die 50.000 EUR Grenze überschreitet, bleibt er für diese Jahr noch von der Umsatzsteuer befreit, die dann aber im darauf folgenden Jahr von ihm erhoben werden muss, da er die Kleinunternehmervoraussetzungen nicht mehr erfüllt.

Ein Kleinunternehmer ist nicht berechtigt, Umsatzsteuer in Rechnung zu stellen, mithin werden seine Leistungen relativ betrachtet für den Endverbraucher preiswerter und er hat dadurch einen Wettbewerbsvorteil. Im Gegenzug ist der Kleinunternehmer aber vom Vorsteuerabzug ausgeschlossen. Vor Beantragung der Kleinunternehmerregelung sind daher die steuerrechtlichen und allgemein wirtschaftlichen Vor- und Nachteile sorgfältig abzuwägen.

### 5.6.3 Steuerschuldner

Bei Lieferungen und Leistungen, die ein Unternehmer im Inland gegen Entgelt im Rahmen seines Unternehmens ausführt, ist der Unternehmer Steuerschuldner, § 13a Abs. 1 Nr. 1 UStG. Dies gilt auch dann, wenn der

Unternehmer in einer Rechnung einen höheren als nach dem Gesetz geschuldeten Steuerbetrag ausgewiesen hat (unrichtiger Steuerausweis). Er schuldet in diesem Fall auch den Mehrbetrag.

Allerdings gilt dieser Grundsatz nicht uneingeschränkt. Bei einem innergemeinschaftlichen Erwerb im Inland gegen Entgelt ist beispielsweise der Abnehmer der Umsatzsteuerschuldner, Bei einem unberechtigten Steuerausweis, also hat jemand in einer Rechnung einen Steuerbetrag ausgewiesen, obwohl er zum gesonderten Ausweis nicht berechtigt ist, schuldet der Rechnungsaussteller den ausgewiesenen Betrag. Darüber hinaus gibt es noch andere Steuerschuldner, z.B. schuldet bei einem sog. innergemeinschaftlichen Dreiecksgeschäft der letzte Abnehmer die Steuer (§ 25b UStG); auch der Leistungsempfänger ist in einigen besonderen Fällen Steuerschuldner (§ 13b UStG).

# Weiterführende Literatur

Bornhofen, Martin / Bütehorn, Markus, Steuerlehre, 32. Auflage 2011

Gellrich, Kai / Philippen, Jörg, Verkehrsteuern, 2011

Kirchhof, Paul / von Beckerath, Hans-Jochem, Einkommensteuergesetz, Kommentar, 10. Auflage 2011

Kirschbaum, Jürgen / Beckers, Markus, Lohnsteuer, 15. Auflage 2011

Lang, Fritz / Weimann, Rüdiger, Umsatzsteuer - national und international, Kompakt-Kommentar, 3. Auflage 2011

Reitzenstein, Gudrun, Lehr- und Trainingsbuch Gewerbesteuer, 5. Auflage 2011

Sauter, Thomas / Erle, Bernd / Adrian, Gerrit, Körperschaftsteuergesetz, Heidelberger Kommentar, 3. Auflage 2010

Schmidt, Ludwig / Drenseck, Walter, EStG, Einkommensteuergesetz, Kommentar, München, 30. Auflage 2011

Sikorski, Ralf, Umsatzsteuer im Binnenmarkt, 7. Auflage 2011

Wellisch, Dietmar / Kroschel. Jörg, Besteuerung von Erträgen, 2. Auflage 2011

Tipke, Klaus / Lang, Joachim, Steuerrecht, 20. Auflage 2010

## Haupt

# Das deutsche Zeugnisrecht

**Kompaktwissen für die Praxis**

Für das berufliche Fortkommen des Arbeitnehmers ist es nahezu unerlässlich, Nachweise über frühere Tätigkeiten und Leistungen zu besitzen. Umgekehrt ist in einer Vielzahl der Fälle das Zeugnis für den Arbeitgeber der einzig mögliche Anhaltspunkt, um sich vom Bewerber ein Bild machen und zumindest eine Vorauswahl treffen zu können.

Dem Zeugnis kommt daher in zweierlei Hinsicht entscheidende Bedeutung zu, nämlich einerseits für das berufliche Fortkommen des Arbeitnehmers, andererseits zur Unterrichtung eines neuen Arbeitgebers.

Der Zeugnisanspruch ist für alle Arbeitnehmer einheitlich geregelt. Diese Vor- schrift legt nunmehr auch gesetzlich die inhaltlichen Mindestanforderungen an ein ordnungsgemäßes Zeugnis fest.

Das vorliegende Buch behandelt wer Anspruch auf ein Zeugnis hat und wann eines erstellt werden muß. Zudem enthält es die Formvorschriften, die bei den verschiedenen Zeugnisarten zu berücksichtigen sind und erklärt möglich Folgen und was bei Auskünften an zukünftige Arbeitgeber zu beachten ist.

Abgerundet wird dieser Titel für den Praktiker durch Checklisten und Muster zur Zeugniserstellung.

ISBN 978-3-941388-05-5 Preis der Printausgabe: 16,80 €

## Haase

# Das Wettbewerbsverbot

**Kompaktwissen für die Praxis**

Die Bedeutung des Wettbewerbsverbots nimmt in unserem immer dynamischer werdenden Wirtschafts- und Arbeitsleben stetig zu. Dabei haben Wettbewerbsverbote nicht nur für den Bereich des Arbeitsrechts erhebliche Bedeutung, sondern auch für den des Dienstvertragsrechts und somit für Organe juristischer Personen.

Das Wettbewerbsverbot dient dem Ausgleich widerstreitender Interessen insbesondere zwischen Arbeitnehmern und Arbeitgebern. Arbeitnehmer gewinnen während ihrer Arbeitsverhältnisse oftmals tiefe Einblicke in die Organisation ihrer Arbeitgeber. Häufig sind sie bestrebt, hieraus gewonnene Informationen für eine eigene Konkurrenztätigkeit oder zur Unterstützung eines Wettbewerbers ihres Arbeitgebers zu nutzen. Arbeitgeber hingegen sind bestrebt, gerade dies durch Wettbewerbsverbote zu verhindern, um Nachteile vom eigenen Unternehmen fernzuhalten. Hierzu dienen Wettbewerbsverbote sowohl für die Zeit eines andauernden Arbeitsverhältnisses als auch für die Zeit nach seiner Beendigung.

Das Werk vermittelt kompakt und übersichtlich einen fundierten Einblick in das Recht des Wettbewerbsverbots. Es bietet sich als Hilfsmittel sowohl für Studierende als auch für Arbeitnehmer, Arbeitgeber, Organe juristischer Personen und betriebliche Praktiker an.

ISBN 978-3-941388-09-3 Preis der Printausgabe: 24,80 €